Fernando Savater

Die Zehn Gebote im 21. Jahrhundert

FERNANDO SAVATER

Die Zehn Gebote im 21. Jahrhundert

Tradition und Aktualität von Moses' Erbe

Aus dem Spanischen von
Sabine Giersberg

Verlag Klaus Wagenbach Berlin

Die spanische Originalausgabe erschien 2004 unter dem Titel *Los diez mandamientos en el siglo XXI* bei Random House Mondadori in Barcelona. Dieses Buch erscheint mit Unterstützung des Programms Kultur 2000 der Europäischen Union.

Bildung und Kultur

Kultur 2000

Wagenbachs Taschenbuch 576

Verlag Klaus Wagenbach, Emser Straße 40/41, 10719 Berlin
Umschlaggestaltung Julie August unter Verwendung des Gemäldes *Non-objective autonomism: Murder or two greatest Serbian painters subdued by their own greatness*, 1997 von Uroš Djurić, Sammlung Essl, Wien. Reihenkonzept Rainer Groothuis. Gesetzt aus der Scala von der Offizin Götz Gorissen, Berlin. Autorenphoto © Arpad Bondy. Einband- und Vorsatzpapier von Schabert, Strullendorf. Gedruckt und gebunden bei Pustet, Regensburg. Printed in Germany.

ISBN: 978 3 8031 2576 7

Inhaltsverzeichnis

Einleitung 7

I. Du sollst keine anderen Götter haben neben mir 15
II. Du sollst den Namen des Herrn, deines Gottes, nicht missbrauchen 39
III. Du sollst den Feiertag heiligen 55
IV. Du sollst Vater und Mutter ehren 73
V. Du sollst nicht töten 91
VI. Du sollst nicht ehebrechen 113
VII. Du sollst nicht stehlen 131
VIII. Du sollst nicht falsch Zeugnis reden 145
IX. Du sollst nicht begehren deines Nächsten Weib 161
X. Du sollst nicht begehren deines Nächsten Hab und Gut 173

Die Menschen brauchen einen schrecklichen Gott 185

Anmerkungen 189

EINLEITUNG

Mitten im 21. Jahrhundert über die Gültigkeit der Zehn Gebote nachzudenken, mag manchem anachronistisch erscheinen oder zumindest als Zeitverschwendung. Meine Beziehung zu diesen Gesetzen reicht in die Kindheit zurück. Jahre, in denen Gott und Franco allgegenwärtig waren. In unserem Religionsunterricht versuchte man, uns unter anderem davon zu überzeugen, uns strengstens an die Gebote und das Wort des Führers zu halten.

Aber die Jahre haben ihre Spuren hinterlassen, und je älter ich wurde, desto weniger bedeuteten mir Gottes Gesetze, sie sind heute nur mehr eine ferne Kindheitserinnerung und ich bringe sie durcheinander. Manchmal bin ich mir nicht mehr sicher, ob es hieß »Du sollst Vater und Mutter nicht bestehlen« oder »Du sollst den Feiertag verhuren«. Ich widme mich wieder der Analyse dieser Themen, weil ich mich damit noch einmal in meine Kindheit zurückversetzen und ein paar Dinge zurechtrücken kann.

Vielleicht hat Cecil B. DeMille mit seinem denkwürdigen Film *Die Zehn Gebote*, in dem Charlton Heston den Anführer der Juden verkörperte, am meisten dazu beigetragen, Moses' Majestät und das Zusammentreffen mit Gott zu verewigen. Seit der Premiere 1956 gab es für Millionen von Zuschauern, die den 220-minütigen Film gesehen hatten, nur einen Moses: Charlton. Aber ich ziehe einen anderen filmischen Moses vor, den von Mel Brooks in *Die verrückte Geschichte der Welt*. Man lacht sich tot, wenn der gute

Moses den Berg Sinai mit drei bearbeiteten Steinplatten herunterkommt und »Die Fünfzehn Gebote« ankündigt, stolpert und eine der Tafeln mit fünf der göttlichen Gesetze ihm aus der Hand fällt und in tausend Stücke zerbricht. Nach einer Schrecksekunde verkündet Moses die kleiner gewordene frohe Botschaft: die Zehn Gebote.

Jenseits der Oberflächlichkeit, mit der wir heute bisweilen das Thema behandeln, sind die Gebote seit Jahrhunderten Teil der Menschheit und haben in stärkerem oder geringerem Maß die Kulturgeschichte begleitet. Auch wenn die darin enthaltenen Forderungen in den bekannten Kulturen unterschiedlich betrachtet werden, stellen diese von Moses vor tausenden von Jahren mitten in der Wüste empfangenen Gesetze ein Kompendium von Regeln und Pflichten dar, die, wenn man sie nicht buchstabengetreu einhält, göttliche Strafen der übelsten Sorte vorsehen.

Gegenwärtig gibt es so viele schriftlich und nicht schriftlich festgehaltene Auflagen, dass einige der Gebote an Bedeutung verloren haben. Wir, die armen Sterblichen, fürchten heutzutage mehr als das Wort des leibhaftigen Gottes die vielen von den Bürokraten und Beamten erdachten Gesetze oder die Diktate einer kurzlebigen Mode. Verglichen mit denen der Gesetzestafeln sind sie nicht weniger furchteinflößend: »Du sollst weiter Steuern zahlen, auch wenn sie steigen und du nicht weißt, wo das Geld hinfließt«; »Klage nicht über die öffentlichen Dienstleistungen, denn selbst wenn du es tust, wird sich nichts ändern«; »Du sollst dich anstrengen und dich in der Freizeit richtig amüsieren«. Wir könnten noch endlos mit solchen Prinzipien fortfahren, die uns einengen und von denen wir uns immer zu befreien hoffen.

Darin hat sich über die Jahrhunderte hinweg nicht viel geändert. Die aus Ägypten geflohenen Juden haben ständig darüber nachgedacht, wie sie sich den aus den Geboten resultierenden Anordnungen entziehen könnten. Das erzürnte Moses, den stets eifrigen Wächter über die Wünsche seines direkten Vorgesetzten und seiner Gesetze.

Wenn Historiker und orthodoxe Verteidiger des Glaubens das Thema analysieren, tauchen strittige Punkte auf, über die polemische Diskussionen geführt werden. Diejenigen, die vergleichende Studien zwischen den objektiven historischen Tatsachen und den Texten des Alten Testaments erstellt haben, zweifeln sogar daran, dass Moses die göttlichen Gesetze verkündet hat. Vielmehr seien diese ungefähr einhundertfünfzig Jahre nach seinem Tod verfasst und ihm erst nachträglich zugeschrieben worden. In diesem Fall wäre die historische Wahrheit von der Tradition überlagert worden und dem Mann, der das gesamte Gesetzesleben des Volkes organisiert hat, durch Zuschreibung eines transzendenten Aktes Gerechtigkeit widerfahren. Folglich ist das Bild Moses', dem Gott die Gesetzestafeln überreicht, eine Synthese, die ihn als das zeigt, was er war: als den großen Gesetzgeber seiner Zeit.

Einige seriöse Studien zweifeln Moses' Existenz und Tatsachen wie den Auszug aus Ägypten an. Andere behaupten, einen Jesus in der bis heute überlieferten Form habe es nie gegeben, es handele sich vielmehr um verschiedene Situationen, die von unterschiedlichen Männern mit Namen Jesus – das war der verbreitetste Name zur damaligen Zeit –

geschaffen und zum besseren Verständnis des Volkes zu einer einzigen Geschichte zusammengeschmolzen wurden. Es mag paradox erscheinen, aber die historische Wahrheit hat in diesem Fall wenig Bedeutung, denn es handelt sich um die Übermittlung der mutmaßlichen göttlichen Wahrheit für die Menschheit. Das einzig Bedeutende ist das, was die Menschen errichtet haben, um ihre Gesellschaft mit der Unterstützung einer unangreifbaren Instanz zu ordnen: Gott. Das ist im Grunde der Anfang einer Strategie, wie sie Machthaber einer Gesellschaft immer wieder relativ erfolgreich entwickelt haben: Sie vermeiden, dass ihnen jemand widerspricht, denn das käme einer Auflehnung gegen Gott gleich.

Es ist so viel Zeit vergangen, die Menschen haben sich so sehr bemüht, die Dinge neu zu interpretieren, zu verändern und ihrem Geschmack anzupassen, dass nicht einmal Gott davon verschont blieb. So sind wir, aufgrund von Verdoppelungen und Neu-Interpretationen, zu zwölf statt zehn Geboten gekommen. Aber wir halten uns an die zehn. Folgende werden wir behandeln:

I. Du sollst keine anderen Götter haben neben mir.
II. Du sollst den Namen des Herrn, deines Gottes, nicht missbrauchen.
III. Du sollst den Feiertag heiligen.
IV. Du sollst Vater und Mutter ehren.
V. Du sollst nicht töten.
VI. Du sollst nicht ehebrechen.
VII. Du sollst nicht stehlen.

VIII. Du sollst nicht falsch Zeugnis reden.
IX. Du sollst nicht begehren deines Nächsten Weib.
X. Du sollst nicht begehren deines Nächsten Hab und Gut.

Eine kleine Vorgeschichte

Was Wachstum und persönliche Entwicklung angeht – um es irgendwie zu benennen –, können sich nur wenige Götter des Erfolgs von Jahwe rühmen. Er fing bescheiden an, nur von einigen umherziehenden Schäfern verehrt, deren einzige Beschäftigung darin bestand, Weiden und Wasser für das Überleben ihrer Herden zu finden. Der Patriarch Abraham hatte keinen weiteren Bedarf an Göttlichem, und so hatte dieser sogenannte Gott der Väter nicht viel zu tun. Es genügte, ihm das ein oder andere Tier zu opfern, bevor oder nachdem man sich auf die Suche nach Futter für das Vieh machte, und alle lebten in Ruhe und Frieden.

Das ging so lange, bis Abraham und die Seinigen in die Region Kanaan kamen. Dort beteten die Bewohner einen Gott an, den sie El nannten. Diese Gottheit versetzte sie in Erstaunen: Er war der Schöpfer des Himmels und der Erde, was der Gott der Väter für sich nie in Anspruch genommen hätte, und auch Abraham nicht, denn im Gegensatz zu den Kanaanitern, die Bauern waren, benötigten sie nichts von der Erde.

Dort formte die Hand des Menschen eine neue Gottheit. Als die alten Juden anfingen sesshaft zu werden, fügten sie ihrem bescheidenen Gott Eigenschaften hinzu, die ihn qualifizierter machten. Er war immer noch die fast familiäre

Gottheit, die sich um alltägliche Angelegenheiten kümmerte. Aber jetzt war er auch der, der jenseits des Vorstellbaren war: Er war der Schöpfer, der Herrscher über alles Bekannte. Wir können sehen, dass die Dinge nicht so unveränderlich sind, wie uns einige, ganz gleich welcher Religion, glauben machen wollen. Jahwe, wie die Juden ihn nach ihrer Flucht aus Ägypten nannten, war nicht mehr einfach nur eine Kombination aus dem nomadischen Gott der Anfänge und dem majestätischen der Kanaaniter. Er und seine Hauptmentoren – Bewunderer – wollten nicht nur eine Vergangenheit und eine Gegenwart haben. Es kam zu einer entscheidenden Wendung in der Geschichte: Moses erhielt die Gesetzestafeln. Die Hebräer und ihr Gott begannen an eine gemeinsame Zukunft zu denken. Es war ein Gott, der einem Volk ein Bündnis, ein gemeinsames Projekt, angeboten hatte. Der eine sollte die Stütze des anderen sein. Alles basierte auf einer Übereinkunft, die die Sterblichen ohne zu murren erfüllen mussten, denn sonst würde der eifersüchtige, schreckliche Gott das schlimmste Unheil über sie kommen lassen. Es begann die Ära der Gesetze, der Ordnung. Von diesem Moment an hatte man schwarz auf weiß, was man tun durfte und was nicht.

Freiheit ist Selbstkontrolle, und die Führer unterwiesen ihre Anhänger darin, wie der Rahmen für den sozialen Umgang aussah und was die Konsequenzen einer Übertretung dieser von Jahwe festgeschriebenen Gesetze waren. Kurzum: Man hatte etwas erreicht, das heute wie Freiheitsberaubung wirkt, für die damalige Zeit aber ein großer Fortschritt war, als man Ordnung in eine große Gruppe von Menschen zu bringen versuchte, die, ausgehend von ihrer Verbindung zu Gott, ein gemeinsames Ziel hatten, das ihnen Disziplin abverlangte.

Viele Jahre sind vergangen, es sind neue Götter, Religionen, Sitten, Errungenschaften etcetera hinzugekommen, aber niemand zweifelt an der Fortdauer der Zehn Gebote im kollektiven Unbewussten über ihre Gültigkeit hinaus. Diese Botschaft, die Moses als Sprachrohr eines brennenden Dornbusches – als der Jahwe gerne auftrat – am Fuße des Sinai verlas, brachte mich dazu, ein Jahr lang ein Fernsehprojekt zu leiten, das der Frage nachging, inwieweit die Zehn Gebote für die Menschen von heute noch aktuell sind. Das vorliegende Buch ist die gedruckte Version des Projektes, das wir dank Moses und natürlich seines Chefs umsetzen konnten.

I

DU SOLLST KEINE ANDEREN GÖTTER HABEN NEBEN MIR

Dialog des Philosophen mit dem Herrn

Du hast uns befohlen, keine anderen Götter neben dir zu haben, dich über alles zu lieben. Ich frage mich und ich frage dich: Ist das Bedürfnis, geliebt zu werden, so groß? Ist es nicht ein wenig übertrieben? Zeugt das nicht von einer Art Besorgnis, einer seltsamen Unruhe? Ja ... Ja ... ich weiß, dass du ein eifersüchtiger Gott bist, der keine Konkurrenz duldet. Aber du sollst wissen, du bist nicht sehr originell. Dir geht es wie fast allen Göttern. In dieser Hinsicht seid ihr euch alle ziemlich ähnlich: ihr seid ausschließend und besitzergreifend. Immer wollt ihr alle Liebe für euch allein. Ihr wirkt nicht sehr selbstsicher, als hungertet ihr danach, dass wir anderen ständig eure Überlegenheit über den Kosmos und die Welt bestätigen. Aber schau ... das ist nicht eigentlich unser Problem. Unser wahres Problem sind deine Repräsentanten, denn gewöhnlich wendest du dich nicht direkt an den Menschen. Die in deinem Namen sprechen, bereiten uns wirklich Kopfschmerzen. Ständig machen sie uns Vorschläge und befehlen uns, was wir im Einklang mit ihrer Machtposition zu tun haben.

Hier befinden wir uns vor dem ersten Gebot, unveränderlich nach deinen Gesetzen: Du sollst keine anderen Götter neben mir haben, Ende der Diskussion.

Aber wir leben im 21. Jahrhundert und diskutieren über deine Gesetze … so schwer es dir auch fallen mag, verzieh nicht gleich das Gesicht, wenn wir dich fragen … so sind nun einmal die Zeiten.

Von den konkreten Göttern hin zum Abstrakten

Das erste Gebot ist das religiöseste von allen, denn während die übrigen mit Fragen des sozialen und Gruppenverhaltens zu tun haben, geht es hier um eine Forderung der Gottheit an den Einzelnen.

So lässt ein anonymer Prophet Jahwe sagen: »Ich bin der Erste und der Letzte; außer mir gibt es keinen Gott«; »Vor mir gab es keinen Gott und es wird keinen nach mir geben«; »Ich bin Jahwe und außer mir gibt es keinen Gott«; »Ein Nichts sind alle, die ein Götterbild formen; ihre geliebten Götzen nützen nichts.« In Anbetracht dieser Selbstdefinition können wir nicht leugnen, dass er eine äußerst hohe Meinung von sich selbst hat, die, ohne Übertreibung, eines Gottes würdig ist.

Ich muss gestehen, da ich nicht gläubig bin, fällt es mir schwer, ihn zu lieben, aber selbst als Gläubiger fände ich es schwierig, die Beziehung zu einem grenzenlosen, unsterblichen, unverwundbaren, ewigen Wesen treffend zu beschreiben. Ich persönlich verstehe Liebe als den fast verzweifelten Wunsch, jemand möge trotz all seiner Fehler und seiner Verwundbarkeit überdauern. Deshalb kann ich nur Sterbliche lieben.

Das Unsterbliche verdient meinen Respekt, mein Bemühen, aber nicht meine Liebe. Andererseits habe ich nie recht gewusst, was unter diesem rätselhaften Wort zu verstehen ist, das andere so leicht in den Mund nehmen: Gott.

Es gibt ein Buch von Umberto Eco und Kardinal Carlo Maria Martini, in dem sie über diese Fragen diskutieren. Der Titel heißt: *Woran glaubt, wer nicht glaubt?* Uns, die wir nicht glauben, fällt es leicht zu erklären, woran wir glauben. Woran die Gläubigen glauben, ist mir schleierhaft; offen gesagt, so oft ich ihnen auch zugehört habe, ich habe nie verstanden, worüber sie sprechen.

Auch wir Nicht-Gläubigen glauben an etwas: an den Wert des Lebens, der Freiheit und der Würde, und daran, dass die Glückseligkeit der Menschen in ihrer Hand, und nicht in der eines anderen liegt. Die Menschen müssen sich mit Hellsicht und Entschlossenheit der ihnen eigenen tragischen Einsamkeit stellen, denn genau diese Instabilität ermöglicht Kreativität und Freiheit. Die Botschafter und Verwalter Gottes verkörpern in Wirklichkeit die niedrigste Stufe des kritischen oder aufgeklärten Bewusstseins: Fanatismus oder Heuchelei, die Negierung des Körpers und Verherrlichung der hierarchischen Macht an ihrer Wurzel.

Ein abstrakter Gott, was für eine große Neuerung! Zweitausend Jahre vor Christus waren die Götter Tiere, Bäume, Flüsse, Steine oder Meere gewesen. Sie hatten einen Körper, es waren sichtbare Götter. Gottheiten waren Phänomene, die man sehen konnte. Dann tauchte auf einmal ein abstraktes, aus reiner Seele bestehendes Wesen auf, und es kam zu einer echten Revolution.

Die Römer ließen zu, dass jeder seine Götter hatte, weil sie glaubten, die Götter aller Völker würden sich untereinander tolerieren. Aus diesem Grund war es paradox, die ersten Christen als Atheisten anzuklagen, auch wenn wir sehen werden, dass diese Argumentation ihre Logik hat. Die Römer sahen, dass die Christen all ihre Götter ablehnten. Das hielten sie für eine unverständliche, sektiererische Haltung, denn es gab eine große Bandbreite an Göttern. Man bot ihnen die Götter des Orients und die des Okzidents, in Tier- oder Pflanzengestalt. Aber nichts zu machen: die Christen lehnten alle ab. Sie wollten vom Kaiserkult nichts wissen und auch nicht vom Kult zum Ruhm der einzelnen Städte. Aus diesem Grund waren die Anhänger dieses Gottes, der nirgends zu sehen, der das Nichts war, bei den römischen Heiden als Atheisten verschrien.

Die Christen brachten das jüdische Vermächtnis mit. Die Vorstellung des Monotheismus, eines einzigen, ausschließenden, grenzenlosen, abstrakten, unsichtbaren Gottes, war für sie normal, für die anderen aber überraschend und revolutionär.

War diese religiöse Vorstellung ein Rückschritt oder ein Fortschritt in der geistigen Entwicklung der Menschheit? In gewissem Sinne können wir sie als positiv einstufen, denn sie war ein Schritt zu größerer Universalität, zu gedanklicher Abstraktion. Gott wurde zu einer Vorstellung, einer Idee. Er war nicht mehr länger Ding, Idol. Die vorhergehenden Götter waren immer an konkrete Wirklichkeiten gebunden: die Natur, die Stadt, das Leben. Dann tauchte ein Gott auf, der die Natur nicht kannte, weil er über ihr stand und zugleich ihr Herr war. Er kannte die

Städte nicht, denn er lebte in allen und keiner, aber auch in der Wüste und in einem brennenden Dornbusch. War dieser Gott gegenüber den anderen ein Fortschritt oder war er ein Rückfall in einen primitiveren, atavistischeren Zustand? Denn auch wenn er einen Gewinn an Universalität, Weite und Geistigkeit mit sich brachte, so war er doch auch ein Verlust, was die Beziehung der Menschen zur Natur betrifft, zu dem, was wir an konkretem, materiellem Leben genießen können.

Der Schriftsteller und Philosoph Marcos Aguinis[1] sagt beispielsweise, »der Monotheismus war ein großartiger Fortschritt der Menschheit hin zu einem Abstraktionsniveau, das bis zu diesem Zeitpunkt nicht existierte. Er bedeutete den Übergang vom konkreten zum abstrakten Denken, mit einem Wesen, das nicht dargestellt werden konnte und darüber hinaus einzigartig war. Aber weil er einzigartig war, war mit ihm auch eine große Gefahr verbunden: er war ein eifersüchtiger Gott, der keine Konkurrenz duldete. So brachte der Monotheismus zwei entgegengesetzte Dinge mit sich: den sehr positiven geistigen Fortschritt und den sehr negativen Fortschritt der Intoleranz.«

Der Monotheismus beherrschte gegen Ende seines Lebens auch das Denken Sigmund Freuds. 1938 floh der Vater der Psychoanalyse vor den sich im gesamten kontinentalen Europa breitmachenden Nazis und fand Zuflucht in England. Dort formulierte er seine Theorie aus, nach der Moses nicht Jude, sondern Ägypter war. Für Freud handelte es sich um einen Mann aus aristokratischer Familie, der unter den Israeliten – fast 1400 Jahre vor Christus – den Glauben Echnatons verbreitete, des Pharaos, der den ersten bekannten monotheistischen Glauben schuf: den Atons, des Sonnengottes. Diese Vorstellung wurde durch den Aufstand unter der Führung der für den früheren Polytheismus verantwortlichen Priester, dessen zentrale Figur der Gott Amon war, verbannt. Nach dieser Theorie ist Jahwe nur der neue Name, den Aton annahm, um sich in den jüdischen Gott zu verwandeln.

Auch wenn es denen missfallen wird, die die Ansicht vertreten, alles habe von Anfang an unumstößlich festgestanden, ist es doch so, dass die Israeliten nicht immer Monotheisten waren. Der Theologe Ariel Álvarez Valdez[2] sagt ganz klar, die Israeliten wären in Wirklichkeit Monolatristen gewesen, das heißt, sie hätten, auch wenn sie an die Existenz vieler Götter glaubten, nur einen Gott angebetet.

Aber nach einem traumatischen Erlebnis für das jüdische Volk änderte sich alles: der Einmarsch der Babylonier unter dem Befehl des legendären Nebukadnezar, der 586 vor Christus sich nicht damit zufriedengab, sie zu besiegen und Jerusalem einzunehmen, sondern alle Bewohner als Sklaven mit nach Babylon nahm. Die Juden waren geblendet von der Pracht und dem Luxus der Hauptstadt der Sieger. Sie fragten, wie es sein konnte, dass sie, die sich so wohlbehütet von Jahwe wähnten, nie einen solchen Lebensstandard erreicht hatten.

Aber anstatt ihrem Gott abzuschwören, kamen die Gefangenen zu einem Schluss, mit dem sie gut leben konnten: den Gott der Babylonier gab es ebenso wenig wie einen anderen. Jahwe war der Schöpfer von allem, sogar der Schönheit und Macht Babylons. So verwandelten sie die

Trauer über das erzwungene Exil in den Stolz, den einzigen lebenden und wahren Gott anzubeten.

Ein anderer Beweis, dass die Juden vor der Gefangenschaft in Babylon keine Monotheisten waren, liefert die wörtliche Übersetzung des ersten Gebotes: »Du sollst keine anderen Götter haben neben mir«, was implizierte, dass man andere Götter sehr wohl akzeptierte, aber nur Jahwe verehrte.

Für Luis de Sebastián Carazo[3], der sich eingehend mit den Zehn Geboten beschäftigt hat, ist »das erste Gebot das Gebot der Liebe. Zuerst im negativen Sinne, da man sich selbst nicht über alles lieben darf, und dann im positiven Sinne, weil man die anderen lieben soll, alle, mit denen wir in irgendeiner Form zu tun haben, in erster Linie in einer Ordnung aus Nähe und Verantwortung, die zu Hause beginnt: mit einem selbst, mit der eigenen Person, der Familie, Nachbarn, Freunden, Bekannten und die, wenn es wahre Liebe ist, sich mit Adlerschwingen in alle Winkel ausdehnt, in die das Leben uns führt.«

Nach de Sebastián symbolisiert das erste Gebot den Pakt der Zweckmäßigkeit, des gegenseitigen Nutzens, auf dem die Demokratie basiert. So ziehen alle ihren Vorteil aus dem, was in der *polis* geschieht, wenn sie im Gegenzug die Gesetze einhalten.

Aber in Wirklichkeit definieren die Menschen die Dinge immer von ihrem Standpunkt aus. Die Liebe für etwas oder für jemanden kann auch weit entfernt von Gleichgültigkeit in das Gegenteil ausarten: in Lieblosigkeit oder Hass gegen den, der anders denkt oder die Gefühle nicht erwidert.

Ist die Liebe zum Grenzenlosen, zum Unermesslichen einschließend oder ausschließend? Werden auch die geliebt, die keinen Gott anbeten? Es gibt eine mittelalterliche Formulierung die vom *odium theologicum* spricht, von dem Hass der Theologen untereinander. Besessen vom Grenzenlosen, schließen sie die anderen nicht in ihre Liebe ein, sondern davon aus. Das ist eine der Widersprüchlichkeiten der monotheistischen Liebe, der Liebe zu einem einzigen Gott.

Ich liebe alle Religionen, aber verliebt bin ich in meine.

MUTTER TERESA VON KALKUTTA

Ist es möglich, dass der, der einen einzigen, grenzenlosen, absoluten Gott liebt, andere Religionen oder Götter liebt oder wenigstens akzeptiert? Darf auch der auf Liebe hoffen, der an keine Religion oder Gottheit glaubt?

In einer wunderbaren Kurzgeschichte erzählt Jorge Luis Borges, wie Aurelianus und Juan de Panomia, zwei Theologen, sich ihr ganzes Leben lang verfolgen und kritisieren, bis Gott ihnen bei ihrem Tod enthüllt, dass beide eine einzige Person, ein einziges Wesen sind. Die Lektion, die dort erteilt wird, ist letztlich, dass die rivalisierenden Theologen, die sich ausschließenden und sich verfolgenden Religionen, von einer bestimmten Höhe aus betrachtet tatsächlich ein und dasselbe sind. Dieselbe Wahrheit oder derselbe Fehler.

Toleranz: Die Schwäche der Religionen

Es ist bekannt, dass die Religionen Quellen von Feindseligkeit, Verfolgung, Intoleranz, Kriegen und Verbrechen sind. Im Lauf der Jahrhunderte haben die sogenannten Vertreter der Götter auf Erden, also die Menschen, Anlass für Streit darin gefunden, den anderen tatsächliche oder mutmaßliche Beleidigungen ihrer jeweiligen Götter vorzuwerfen.

Natürlich waren Religionen auch Grund für eine Reihe großzügiger und tapferer Taten. Warum sind die Religionen untereinander nicht kompatibel? Alle religiösen Menschen predigen schöne Worte, man solle die anderen annehmen wie sie sind, aber nur selten entspricht das Handeln den gepredigten Worten. Beim Katholizismus ist es offenkundig: Religionen werden tolerant, wenn sie an irdischer Macht verlieren. Solange sie in Politik und Wirtschaft die Fäden in der Hand halten und über einen weltlichen Arm verfügen, um ihre Befehle durchzusetzen, zeigen sie sich nur selten tolerant. Dieses Gefühl taucht auf, wenn die, die die Praxis eines Glaubens kontrollieren, darum kämpfen müssen, akzeptiert zu werden, nicht wenn es darum geht, selbst zu akzeptieren. Dieses Phänomen zeigt sich bei fast allen Religionen.

Ein deutliches Beispiel waren die Kreuzzüge. Ende des 11. Jahrhunderts wollten Venedig, Genf und Pisa die Kontrolle über den Orienthandel zurückgewinnen. Das Problem waren die Türken, die die See- und Landwege zu den heiligen Stätten und insbesondere zu den bedeutendsten Handelszentren kontrollierten. Handelsinteressen und politische Interessen von Papst Urban II. kamen zusammen, denn es war sein Ziel, mit der Herrschaft über die Stadt Konstantinopel, die sich im Jahre 1054 aus seiner Macht befreit hatte, die gesamte Christenheit zu kontrollieren. Urban war besessen von den deutschen Kaisern, die sich auf religiösem Gebiet sehr autark bewegten. Und um dieses Interessenkonglomerat zu verschleiern, appellierte der Papst an das Herz der europäischen Christenheit. Mit der hervorragenden Ausrede, die heiligen Stätten im Orient zurückzugewinnen und die Christen in diesen Gebieten zu schützen, betrieb er den Ersten Kreuzzug. Tausende von Männern brachen in Richtung Orient auf, um sich mit tausenden von anderen Männern unter dem Schrei »Deus lo volt« (»Gott will es«) gegenseitig niederzumetzeln.

Heute verlieren die Religionen mehr und mehr an irdischer Macht – oder zumindest hoffe ich das – und ich bezweifele nicht, dass das der Welt gut tun wird, denn dann werden die Spannungselemente verschwinden, die daraus entstehen, dass sie sich gegenseitig mittels Gewalt und Verfolgung ausgrenzen.

Im Grunde sprechen wir mehr über Kirchen als über Religionen. Gott spricht nie direkt mit den Menschen oder zumindest nicht mit der Mehrheit. Da steht immer einer dazwischen. Wir haben nie Gott vor uns, sondern Priester, Bischöfe, Muezzine, Rabbiner etcetera. Das heißt, andere ganz gewöhnliche Menschen, die in seinem Namen sprechen. Wenn man die Religionskriege analysiert, fragt man sich, ob Gott nicht vielleicht das Alibi war, um die Hassgefühle der Menschen untereinander zu rechtfertigen und die Eroberungs- und Plünderungsgelüste anzustacheln.

Die Anwendung der Freiheit des Einzelnen oder wie die Gebote zu verstehen sind

Je weiter wir in der Analyse fortschreiten, desto klarer wird, dass die Gebote alte, überkommene und manchmal sogar jeglicher Logik entbehrende Befehle sind, die aber, genau wie die aktuellen Gesetze, das Ergebnis sozialer Übereinkünfte sind. Über die Zeit hinaus, in der sie verkündet, respektiert und sogar gefürchtet wurden, waren sie keineswegs unverrückbarer Bestandteil der Wirklichkeit, wie zum Beispiel das Gesetz der Schwerkraft. Sie entstammen auch nicht dem Willen eines rätselhaften Gottes. Die Gesetze sind von den Menschen erfunden worden, sie sind die Antwort auf frühere menschliche Absichten, von denen wir manche heutzutage nur noch schwer nachvollziehen können und die durch eine neue Übereinkunft zwischen Menschen verändert oder ganz abgeschafft werden können. So wurden die ursprünglichen Gebote zum Beispiel durch die Katholiken verändert, was aber nicht heißen soll, dass es sich bei den Konventionen um etwas Beliebiges oder Belangloses handelt.

Wenn man in einer multikulturellen Gesellschaft lebt, muss man hinnehmen, dass es ein Recht darauf gibt, eine Religion, Glaubenslehren, zu haben, und das bringt zwangsläufig mit sich, dass man Reibungen ertragen muss. Zum Beispiel würde ich den Leuten, die sagen: »Sie haben meine Überzeugungen verletzt«, antworten: »Tut mir leid, mein Freund, aber Sie können Ihre Überzeugungen nicht zu einer Art Verlängerung Ihres Körpers machen.«

Zugleich ist überall eine Laxheit zu spüren, die zur Maxime hat, »alle Meinungen zu respektieren«. Das ist glatter Blödsinn. Zu respektieren sind die Menschen, nicht die Glaubenslehren. Die Meinungen sind nicht alle zu respektieren. Wenn dem so wäre, dann wäre die Menschheit nicht einen Schritt vorangekommen. Man darf totalitäre, fremdenfeindliche, rassistische Anschauungen, die die elementaren Menschenrechte verletzen, nicht respektieren. Wir können nicht Angriff, Kritik oder die Satire gegen eine Anschauung richten, um die anderen zu demütigen oder zu beleidigen. Wenn es um Anschauungen geht, muss man vor denen Halt machen, die gefährlich sind.

Welchen Respekt verdienen die Anschauungen, hinter denen sich die Terroristen unterschiedlicher Couleur verschanzen? Wie soll man die Morde, die Bomben aus dem Hinterhalt, nicht verurteilen, nach denen ausschließende nationalistische Denkschemata schreien? Wie soll man hinnehmen, dass unter dem Deckmantel kultureller Identität bei tausenden von Mädchen die Klitoris verstümmelt wird?

Die Verteidiger dieser Methoden sind so gefährlich wie die Priester, die andere Religionen, ihre Anhänger und die, die an keinen Gott glauben, ablehnen. Man kann die Respektlosen nicht respektieren.

Das hat etwas mit dem zu tun, was John Stuart Mill gesagt hat: Die einzige Freiheit, die diesen Namen verdient, ist die, nach unserem eigenen Wohlergehen zu trachten, auf unserem eigenen Weg, ohne den anderen das Ihrige zu nehmen oder sie daran zu hindern, es erreichen zu wollen. Jeder ist der natürliche Hüter seiner Gesundheit, ob der physischen, der geistigen oder der spirituellen. Die Menschheit gewinnt mehr, wenn sie jedem erlaubt, nach seiner Art zu leben, anstatt ihn zu zwingen, so zu leben wie die anderen.

Das erste Gebot enthält wie die neun anderen implizit die Androhung von Strafe, wenn es nicht erfüllt wird. Jahwe hatte versprochen, das jüdische Volk zu beschützen, aber nur unter der Bedingung, dass das Buch des Gesetzes buchstabengetreu befolgt wird. Das Wort Gottes lässt nicht viel Raum für Interpretation: »Hiermit lege ich dir heute das Leben und das Glück, den Tod und das Unglück vor. Wenn du auf die Gebote des Herrn, deines Gottes, hörst, dann wirst du leben und zahlreich werden, und der Herr, dein Gott wird dich segnen. Wenn du aber dein Herz abwendest und nicht hörst, erkläre ich euch: Dann werdet ihr ausgetilgt werden.«

Wenn ich das lese und mir vorstelle, dass es Leute gibt, die es für logisch halten, dass es in solchen Fällen einer Strafe bedarf, möchte ich noch einmal klarstellen, dass die Ethik eines Menschen nichts mit Strafen und auch nichts mit Belohnungen durch die Autorität zu tun hat, ob menschlich oder göttlich, ist in diesem Fall unerheblich.

Zur Befolgung des ersten Gebotes und über seine Beziehung zur Intoleranz sagt der Rabbiner Isaac Sacca[4], man müsse sehr genau darauf achten, wie der Befehl »Du sollst keine anderen Götter haben neben mir« formuliert sei, denn bei böswilliger Auslegung laufe man Gefahr, dass er dazu verwendet werden könne, Intoleranz zu praktizieren und anderen die eigenen Anschauungen aufzuoktroyieren.

Nach dem Judentum handelt es sich um ein bilaterales Abkommen zwischen Gott und dem Menschen, der nicht aufgefordert ist, einen anderen davon zu überzeugen oder ihn dazu zu bringen, sich daran zu halten; er soll sich lediglich um sich selbst kümmern.

Nach Rabbi Saccas Definition ist nicht ausgeschlossen, dass das Gebot in schlechte Hände gelangt, die es für ihre Zwecke missbrauchen und zu einem Instrument des Ausschlusses machen. Wir haben schon gesagt, dass die Gesetze von den Menschen erfunden und verändert werden, und dasselbe Gesetz kann natürlich verschieden interpretiert werden.

Die Ansichten zu Jahwe, Moses und den Zehn Geboten sind unzählbar und kommen aus allen ideologischen Ecken. Der sozialistische Historiker Emilio Corbière[5] hält das Alte Testament für den »negativen Teil«. Dort werde die Vision eines schrecklichen, fast bösen, verfolgenden Gottes entworfen. Die Vision des despotischen Gottes Jahwe-Jehova. Aber es ist auch die Geschichte der Befreiung; die nationale Befreiungsbewegung eines Volkes. Das heißt, es handelt sich um die volkstümlich revolutionäre Vision eines vom Römischen Reich unterdrückten Volkes. Folglich ist die Geschichte des Alten Testaments die Geschichte des Verbrechens, des Verrats, der Kriege, der ungewöhnlichen Mutter-Sohn- und Vater-Tochter-Beziehungen, und andererseits des beispielhaften Kampfes von Moses, von dem man nicht weiß, ob er Jude oder revolutionärer Ägypter war.

Idole und Idolatrie

Das Thema der Bilder und Idole in der Religion macht einen der großen Unterschiede zwischen Katholiken und Juden aus. Der Text des ersten Gebotes lautet im Alten Testament: »Du sollst dir kein Gottesbild machen und keine Darstellung von irgendetwas am Himmel droben, auf der Erde unten oder im Wasser unter der Erde. Du sollst dich nicht vor anderen Göttern niederwerfen und dich nicht verpflichten, ihnen zu dienen.«

Die Katholiken haben diesen Zusatz gestrichen, aber trotz gradueller Unterschiede gibt es in beiden Religionen eine klare Ablehnung der Idolatrie.

Was die Frage der religiösen Bilder angeht, unterscheiden sich die Bibel und die historische Wirklichkeit. Trotz des Verbots, Bildnisse zu erstellen, war der von Salomon errichtete Tempel in Jerusalem voll davon. In der Nähe der Bundeslade befanden sich zwei riesige, aus Holz geschnitzte Cherubinen. Und unter dem Gefäß mit dem Reinigungswasser konnte man zwölf Stiere aus Metall erkennen.

Die Gefäße für die liturgischen Waschungen, schreibt Pater Ariel Álvarez Valdez, seien mit Bildern von Löwen, Ochsen und Cherubinen verziert gewesen, und alles mit der Zustimmung Gottes. Und als wäre das nicht genug, war zweihundert Jahre lang eine riesige Bronzeschlange im Tempel ausgestellt, die Moses in der Wüste auf Gottes Anweisung erstellt hatte, um die von Schlangen Gebissenen durch ihren Anblick zu heilen, bis König Ezechiel sie entfernen ließ.

Dieses Beispiel zeigt erneut, dass die Gesetze, ebenso wie ihre Auslegungen, über ihre menschlichen oder göttlichen Ursprünge hinaus verändert wurden. Ich will nicht behaupten, jedes Gesetz habe seine Hintertür, aber es wird, wie alles, an die jeweilige Situation angepasst.

Ich weiß nicht, ob Gott tot ist, wie Nietzsche gesagt hat und wie so viele nach ihm wiederholt haben. Aber es ist unbestreitbar, dass die Idole allerorten wachsen und gedeihen. Wir leben in einer Welt, in der sie, multipliziert durch Bilder und Medien, einen fast erschlagen. Es gibt Idole im Fußball, im Film, in der Musik, Geld-, Erfolgs- und Schönheitsidole. Wir leben mit kleinen, tragbaren Idolen, einige sind fast sympathisch und liebenswert, wie Spielbergs *E.T.* Aber es gibt auch grausame Idole, die Blutopfer fordern: die Stammesidole. Die, die die eigene Gruppe, die eigene Nation, die eigene Partei zum Idol machen. Das sind die, die unglücklicherweise Menschenopfer darbringen.

Trotzdem glaube ich, dass es wohlwollende, sympathische Idole gibt, die uns helfen zu leben und uns Freude schenken. Die Idolatrie ist dem Menschen inhärent, er kann ihr nicht ausweichen. Aber Vorsicht, wir müssen achtgeben, was wir auf unsere Altäre heben, denn manchmal ist es schwer, die Idole ohne Blutvergießen wieder herunterzubekommen.

Moses und das Einheitsdenken

Ich glaube, in gewisser Weise war Moses ein sehr realistischer Mann. Er war sich bewusst, dass seine Zeit wie die vorhergehenden, und wie er treffend ahnte, auch die zukünftigen, keineswegs erhaben, sondern voller Fehler, Missbrauch und Verbrechen war. Und so tat der Führer der Juden, was in seiner Macht stand, um die Gemeinschaft, in der er lebte, zu verbessern. Ich denke, es ist klar, dass er, wie so viele vor ihm und nach ihm, dafür gekämpft hat, dass die politisch organisierten Beziehungen menschlicher, das heißt weniger gewalttätig und gerechter wurden. Und gerade weil er ziemlich realistisch war, hat er bestimmt nie erwartet, alles um ihn herum müsse perfekt sein.

Es gibt zwei Sätze, die man immer wieder hört: »Was du nicht willst, dass man dir tut, das füg auch keinem anderen zu«. Oder positiv formuliert: »Behandele andere so, wie du auch selbst behandelt werden willst«. Ein Epigramm George Bernard Shaws variiert diesen Gedanken: »Behandele andere nicht, wie du gerne behandelt werden willst, vielleicht haben sie andere Vorlieben«. Auch hier muss man vorsichtig sein, denn gerade in diesen Fällen läuft man Gefahr, auf die zu stoßen, deren einzige Wahrheit ihre eigene oder die ihres Gottes ist.

Heute ist es Mode, vom »Einheitsdenken« zu sprechen, das, wie einige behaupten, nach dem Fall der Mauer von Berlin und dem Niedergang des kommunistischen Systems in Osteuropa herrsche. Ich glaube nicht, dass die Intoleranz mit dem so genannten »Einheitsdenken« zu tun hat, weil das für mich nicht existiert. Auf der Welt gibt es Gruppen, die für den Internationalen Währungsfonds plädieren, und andere »globalisierungsfeindliche«, die dagegen demonstrieren. Auf unserem Planeten gibt es ziemlich viel

Uneinigkeit und aufeinanderprallende Meinungen, und es wäre ungerecht und absurd, von einem Einheitsdenken zu sprechen, auch wenn nicht gerade wenige auf der Grundlage dieses Trugbildes ihre Theorien entwickeln. Was es sehr wohl gibt, ist eine Tendenz zum vereinfachten Denken. Es gibt verschiedene grob vereinfachende Auffassungen, wie die neoliberale und antikapitalistische Schwarz-Weiß-Malerei. Der komplexen Realität, in der wir leben, werden »entkoffeinierte Gedanken« entgegengestellt. Das Problem ist, dass unsere Welt immer gleichgeschalteter wird und wir dazu neigen, Lösungen zu suchen, die die ganze Menschheit einbeziehen. Und das ist falsch. Auf diesem Weg werden wir es nie schaffen, diese Welt zu verbessern, denn die gegenwärtige Situation ist um vieles komplexer als alle, die wir im Lauf der Jahrhunderte erlebt haben.

In der Geschichte der Menschheit haben sich unzählige Heere im Namen von Göttern oder Glaubenslehren bekriegt. Man spricht sogar von einem Gott der Heere; alle haben ihre Feldgeistlichen, ihre Flaggen und Standarten. In 5500 Jahren Geschichte hat es 14 513 Kriege gegeben, die 1240 Millionen Menschenleben gekostet und uns lediglich eine Verschnaufpause von 292 Jahren Frieden gegönnt haben, obwohl es bestimmt auch in dieser Zeit kleinere Kriege gegeben hat. Während Sie diese Statistiken lesen, sind sie schon wieder veraltet. Diese Zahlen haben die Besonderheit, dank der Menschen minütlich anzusteigen. De facto hatte ein Großteil der Kriege ihren Ursprung in Meinungsverschiedenheiten und Anfeindungen aufgrund unterschiedlichen Glaubens. Und natürlich war fast immer die Religion nur ein Vorwand, um territoriale oder wirtschaftliche Differenzen zu klären. Wie Sie sehen, hat sich nichts geändert.

Heute können wir bequem bei uns zu Hause vor dem Fernseher sitzend denen zuschauen, die im Namen einer rachsüchtigen, den großen westlichen Satan verfolgenden Gottheit durch Attentate Gebäude zum Einsturz bringen. Und von den Vereinigten Staaten kommt der archaische Satz: »Gott ist mit uns«. Die Sprache des Zeitalters der Kreuzzüge. Die theologische Rechtfertigung irdischer Konflikte nimmt immer mehr zu.

Evangelisierung: Bekehrung oder Tod

Fast alle Religionen haben eine proselytenmacherische, missionarische Komponente und sind bemüht, ihre Lehren als allein gültige Anschauung zu verbreiten. Allen voran das Christentum und der Islam. Aber missionarische Elemente findet man auch in anderen Glaubensrichtungen.

Die vorherrschende Idee in der Geschichte ist, dass der religiöse Mensch die Verpflichtung hat, die frohe Botschaft zu verkünden und zu versuchen, sie anderen aufzuoktroyieren. Um diese Ziele zu erreichen, hat man auf sanfte Hirten, auf Verkünder des Wortes Gottes und auf wilde Soldaten zurückgegriffen, deren Leitspruch war: »Die Religion schluckt man mit Blut«. Natürlich ist es an sich nichts Schlimmes, für die frohe Botschaft zu werben und zu versuchen, andere davon zu überzeugen. Aber wenn das Mandat lautet »Bekehre dich oder stirb«, sieht die Sache anders aus.

In seiner *Abhandlung über die Toleranz* zitiert Voltaire den Leitspruch der Fanatiker: »Denk wie ich oder stirb«. Die Geschichte liefert uns unzählige Beispiele, wie Missionare, Wanderprediger und Proselytenmacher, wenn sie die Gläubigen nicht für ihre Botschaft gewinnen konnten, sie vor die schreckliche Wahl Bekehrung oder Tod stellten.

Es liegt auf der Hand, dass der missionarische Eifer bei Wanderreligionen stärker ausgeprägt ist. Das zeigt sich deutlich im Christentum mit all seinen Varianten und im Islam. Die spanischen Konquistadoren haben den Eroberten ihre Wahrheiten aufgezwungen, wenn es sein musste mit Feuer und Schwert.

Aber man muss klarstellen, dass dieses Vorgehen, jemandem eine Anschauung gewaltsam aufzuzwingen, nicht auf Religionen beschränkt ist. Ich glaube, das hat sich auf andere Ideologien übertragen. Es gibt politische, nationalistische und rassische Doktrinen, die dieselben Methoden anwenden: Du musst denken wie wir oder du wirst ausgeschlossen, vertrieben oder getötet, denn wir können nicht mit jemandem leben, der unsere Glaubenslehren nicht teilt.

Das kann man zum Beispiel zwischen 1482 und 1492 an einem der drei Beichtväter der Königin Isabella der Katholischen sehen, dem Großinquisitor Torquemada. Sein Name ist mit dreitausend Hinrichtungen auf dem Scheiterhaufen verbunden und einer weit größeren Zahl von Inhaftierungen, Konfiszierungen und Folterungen. Hier haben wir es mit einem fanatischen Missionar zu tun, der weit über das Ziel hinausschießt und der Gesellschaft schadet.

Adolf Hitler, Joseph McCarthy, Francisco Franco, Josef Stalin, Augusto Pinochet und Jorge Rafael Videla – um nur einige zu nennen – hielten sich für Missionare, die die Menschheit retten und denen, die nicht an ihre Überzeugungen glaubten, diese mit Gewalt aufzwingen wollten.

Aber das missionarische Streben stößt auch immer wieder auf Widerstände. Das köstliche Buch *The Bible in Spain* (Die Bibel in Spanien), das ein lebendiges Porträt des Landes im 18. und 19. Jahrhundert bietet, berichtet von den Abenteuern des George Borrow, eines englischen Predigers, der über die Halbinsel zog und protestantische Bibeln verkaufte. Irgendwann kam er nach Andalusien und traf auf einen Bauern, der sein Land pflügte. Er ging mit seinem Buch auf ihn zu und sagte: »Mein Freund, ich bin Protestant, ich habe hier die Bibel und ich möchte Ihnen erklären, was wir denken«. Da unterbrach ihn der Bauer: »Schauen Sie, machen Sie sich keine Umstände, denn wenn ich schon nicht an die katholische Religion glaube, die die wahre ist, wie soll ich dann an die protestantische glauben, die die falsche ist«.

Hunderttausende von Borrows haben den Planeten bereist und noch viel mehr Soldaten haben versucht, die Wahrheiten mit Gewalt durchzusetzen. Aber jetzt befinden wir uns in einer neuen Situation, an die Jahwe und Moses nicht im Traum gedacht haben: die Expansion der Massenmedien, durch die neue Schlachtfelder entstanden sind, in denen die Prediger unermüdlich und erbarmungslos missionieren. Im Mittelalter füllten die Prediger Kirchen und

Kathedralen und sprachen, wenn es hochkam, zu zwei- oder dreitausend Menschen. Ein Volksvertreter, der im Parlament von Athen sprach, hatte selten mehr als fünfzehn- oder zwanzigtausend Zuhörer. Jüngste Forschungen zeigen, dass selbst Jesus im Moment des größten Zulaufs während der Bergpredigt lediglich dreißigtausend Menschen versammeln konnte, damals eine Menge, aber heute nur ein halber Punkt bei der Zuschauerquote. Die Herausforderung für die Fernsehprediger und die reisenden Päpste besteht darin, dass sie in der Lage sein müssen, ein Millionenpublikum anzusprechen; andererseits müssen sie sich damit auseinandersetzen, dass auch die Idolatrien von der Hyperkommunikation profitieren und dass die Gottheit, welche auch immer, im Kampf um die Zuschauer gegenüber den lächerlichen Abenteuern der Teilnehmer von *Big Brother* schlechter abschneiden kann.

Die Massenkommunikation hat die Verbreitung von Anschauungen, ganz gleich wie schlecht, fromm, intolerant, fanatisch sie sein mögen, und sogar den Erlösungseifer vervielfältigt. Die Medien geben dem, was früher eine Bewegung von Herz zu Herz, von Mensch zu Mensch war, eine andere Dimension. Heute geht es um ein universales Echo. Diese Situation hat ihre schrecklichen Seiten und führt vielleicht dazu, dass irgendwann neue Befreier auftauchen. Die Herausforderung besteht darin, das Wort nicht von oben auf die Menschen herabregnen zu lassen, sondern zu ermöglichen, dass die einzelnen Menschen wieder mehr untereinander kommunizieren und Meinungen austauschen.

Es kann nichts geschehen, was Gott nicht will.
Was immer er aber will, so schlimm es auch scheinen mag,
es ist für uns dennoch wahrhaft das Beste.

(Brief, in dem THOMAS MORUS seine Tochter
vor seiner Exekution tröstet)

In diesem Brief legt Thomas Morus eine fatalistische Haltung an den Tag. Aber es handelt sich um einen fröhlichen Fatalismus, der sich selbst rechtfertigt.

Mit der Zeit haben die Menschen gelernt, ihr Schicksal anzunehmen, weil man sich nicht dagegen auflehnen kann. Morus' Vision zeigt zusätzlich die Dimension des Schicksals als Ergebnis eines Willens, der weiß, was besser für uns ist, auch wenn das unsere Zerstörung bedeutet und dazu führt, dass unsere Pläne und Wünsche durch die fatale, uns aufgezwungene Situation zerstört werden. Nietzsche sprach von der Liebe zum Schicksal und dem Wunsch, es nicht nur zu akzeptieren, weil es unausweichlich ist, sondern es als das ureigenste zu lieben. Vielleicht ist die Version von Thomas Morus die religiöse Variante dieser Liebe zum Schicksal.

Jahrhundertelang hat man die Weitergabe von Wissen und religiösen Überzeugungen der Eltern an die Kinder für unverzichtbar gehalten. Das war normal. Aber heute muss man sich die Frage stellen, wie wir unseren Nachfahren unsere persönlichen Überzeugungen vermitteln. Einerseits versuchen wir, wenn wir etwas für wahr, gut und nützlich halten, die Kinder an diesem Wissen Anteil haben zu lassen. Erziehung bedeutet, aus allem, was wir wissen, das Relevanteste und Wichtigste auszuwählen, um es weiterzugeben. Also ist es für einen religiösen Menschen logisch, dass er seinen Glauben an seine Kinder weitergibt. Aber andererseits sollte er respektieren, dass das Kind andere Stimmen, andere Standpunkte, anderes Wissen aufnimmt. Und da müssen wir Eltern akzeptieren, dass die Kinder vielleicht nicht unsere Anschauungen und unseren Glauben teilen, was für manch einen sehr hart ist. Aber es muss nicht immer alles von den Eltern an die Kinder weitergegeben werden, wie ein faschistischer Missionar aus der Zeit Mussolinis gelernt hat. Er zog durch die Dörfer und predigte die frohe Botschaft des Faschismus. Er traf auf einen Jungen und sagte zu ihm, er solle unbedingt in die Partei eintreten, denn das wäre die Zukunft Italiens. Der gab ihm zur Antwort: »Nein, mein Vater war Sozialist, mein Großvater war Sozialist und andere Verwandte sind Kommunisten. Ich kann nicht Faschist werden.« Der glühende Vertreter des *fascio* fuhr ihn wütend an: »Was ist denn das für ein Argument mit deinem Vater und deinem Großvater? Und wenn dein Vater ein Mörder gewesen wäre, und dein Großvater auch?« Da unterbrach ihn der Junge: »Ah! Ja dann würde ich natürlich in die faschistische Partei eintreten.«

II

DU SOLLST DEN NAMEN DES HERRN, DEINES GOTTES, NICHT MISSBRAUCHEN

Der Schriftsteller hat einen Meinungsaustausch mit dem Herrn

Mal sehen ... es gibt da ein paar Dinge, die du falsch siehst, wie ich finde. Du hast verboten, dass dein Name missbraucht wird. Aber du solltest verstehen, dass man manchmal nicht halten kann, was man in deinem Namen versprochen hat. Nicht weil es einem an gutem Willen mangelte und auch nicht weil man sich nicht alle erdenkliche Mühe gegeben hätte. Ich glaube, du solltest dich geschmeichelt fühlen, dass wir ständig auf deinen Namen zurückgreifen, um unsere Urteile und Versprechen zu untermauern. Wir tun es nicht nur in solchen Momenten, sondern auch wenn wir unserem Ärger Luft machen. Es mag dir widersinnig erscheinen, aber wenn wir Gott lästern, ist das eine Art Hommage. Manchmal sind wir so erzürnt, dass es nur eine Möglichkeit gibt, der Welt die Stirn zu bieten: indem wir uns unmittelbar mit dir anlegen. Kurz und gut ... dein Name ist jahrhundertelang verwendet worden, um Rechtsprechung, Geschäfte, Regierungen etcetera zu stützen. Sieh, was für eine Bedeutung es hat, in deinem Namen schwören zu können: Wenn wir jemanden von unserer Liebe überzeugen wollen, stützen wir uns auf dich. Wie oft hast du dich schon geärgert, wenn du hörtest: »Mein Leben, ich brauche dich so sehr ... ich schwöre es bei Gott!«

Gut ... gut ... du hast ja Recht ... vielleicht treiben wir es ein wenig zu weit, aber ich denke, deine Hauptsorge sollte der Mangel an Respekt sein, den die Leute heutzutage deinem Namen entgegenbringen. Ich will damit sagen, sie schwören Liebe und dann begehen sie Verrat. Die Politiker schwören, sie werden alle Arten von Geboten befolgen, alle möglichen Heldentaten in deinem Namen begehen, und wenn sie dann in Amt und Würden sind, haben sie dich ganz schnell vergessen. Es sieht so aus, als würde dein Name an Wert, an Kraft verlieren, auch wenn dir das quergeht, und das ist nicht gut für eine Gottheit, die als solche geschätzt wird.

Gott als Zeuge, wenn man schwört oder etwas verspricht

Als ich klein war und jemandem etwas versichern wollte, sagte ich immer: »Ich schwöre es dir«, und der andere fragte: »Schwörst du's oder versprichst du's?« ... und klar, in der Situation macht man einen Rückzieher, denn das mit dem Schwören ist übertrieben, und dann sagte ich: »Ich verspreche es«. So erleichterte ich mein Gewissen, denn da ich mich nicht auf das göttliche Zeugnis berief, war ich nicht unbedingt an das Versprochene gehalten. Aus diesem Grund haben wir Kinder immer gebettelt: »Nein, nicht versprechen, schwöre es mir.« »Nein ... nein ... ich kann nicht schwören, nur versprechen.« Da waren wir schon mitten drin in der Dialektik. Wir wussten, dass man einem Versprechen nicht unbedingt trauen konnte. Man musste aus dem Mund des anderen hören: »Ich schwöre es dir bei dem und dem«, dann wurde es zu etwas Definitivem ... oder zumindest fast Definitivem.

Diese Situationen haben nicht nur im Spiel der Kinder Bedeutung, sondern auch in der politischen Geschichte. John Locke hat in seinem *Brief über die Toleranz*, dem grundlegenden Werk zur Verfechtung der Toleranz in Europa, die Atheisten von den politischen Gesetzen ausgeschlossen. Er lässt in seinem »Idealstaat« alle Kirchen und Glaubensrichtungen zu, aber nicht die Atheisten. Warum? Ganz einfach, den Atheisten konnte man nicht trauen, wenn sie schworen, und das war etwas Grundlegendes in den zivilen Prozessen der damaligen Zeit. Man musste unter anderem den Amtseid ablegen und bei Gericht schwören, dass man sich an die Gesetze hielt; ein Atheist war nicht vertrauenswürdig, weil er seelenruhig seinen Schwur leistete und dann das Gesagte nicht erfüllte oder nicht erfüllen konnte.

Es ist wie ein Spiel. Wir rufen Gott als Zeugen auf, selbst in dem Wissen, dass wir uns nicht an das Versprochene halten oder dass zumindest diese Möglichkeit besteht. Unserem jeweiligen Gegenüber geht es genauso, er misst unserem Schwur nicht die geringste Bedeutung bei. Kurzum: Alle, die wir an dieser Zeremonie teilhaben, haben uns Gottes Namens bedient.

Wir verwenden ihn als transzendentalen Zeugen, obwohl wir von vornherein wissen, dass er nicht öffentlich auftreten kann, um das zu stützen, was wir behaupten oder verneinen. Es ist eine Art Ritual stillschweigenden Verstehens, um nicht zu sagen Missverstehens, das gelegentlich, Wunder ausgenommen, zu sonderbaren Situationen führen kann.

Es gibt eine spanische Legende, die von Cristo de la Vega aus Toledo. Sie handelt von einem Soldaten, der, bevor er in den Krieg zog, einem Mädchen die Ehe versprach. Er tat das vor dem Cristo de la Vega, einem Kruzifix der Stadt. Nach ein paar Jahren kehrte er gesund und munter zurück, aber er war nicht mehr in das Mädchen verliebt. Er weigerte sich, seinem Versprechen nachzukommen, und das Ganze entwickelte sich zu einem Skandal, bei dem ein Richter eingeschaltet wurde, der die junge Dame nach einem Zeugen fragte. Sie erwiderte: »Ja, der Cristo de la Vega war dabei.« Da fiel dem Richter nichts Besseres ein, als einen Schreiber dorthin zu schicken, um die Erklärung des besagten Christus aufzunehmen. Was uns albern vorkommt, verwandelt die Legende in eine nachvollziehbare Begebenheit, denn als der Schreiber Christus fragte, ob er die strittige Angelegenheit bezeugen könne, nahm die Holzfigur ganz selbstbewusst eine ihrer angenagelten Hände von dem Kruzifix und sagte: »Ja, ich schwöre.« Über die fromme, von Zorrilla erfundene Geschichte hinaus kann man heute den Cristo de la Vega mit einer vom Kreuz gelösten Hand bewundern. Das ist einer der wenigen bekannten Fälle, bei dem dieses transzendentale Zeugnis eingelöst wird.

Wenn mit der Zeit die Schwüre und das »Ich liebe dich« immer häufiger kommen, ist es oft vergebens, sie verlieren an Kraft, sie werden zu einer Mode, und die Wahrhaftigkeit bleibt auf der Strecke. Es gibt viele verirrte Liebende, die immer noch das Blaue vom Himmel versprechen, aber wenn der entscheidende Moment kommt, in dem sie die drei am sehnsüchtigsten erwarteten Worte sagen sollen,

»Ich liebe dich«, befällt sie Panik. Ich kenne sogar viele Leute, die nicht gläubig sind und denen trotzdem, wenn sie einen Eid leisten müssen, ein unangenehmer Schauer über den Rücken läuft.

Das Schwören war ein fundamentaler Bestandteil der Prozesse in der jüdischen Welt. Und so war das Gebot in dieser Hinsicht sehr eindeutig: Man durfte kein falsches Zeugnis ablegen, denn das könnte dem Nächsten schaden. Der Schwur war das Schlüsselelement, das von den Richtern bei ihren Entscheidungen berücksichtigt wurde und das auch dazu diente, die gesellschaftliche Ordnung aufrechtzuerhalten.

Folglich waren die Israeliten sehr vorsichtig und maßvoll, wenn es darum ging, Gottes Namen zu verwenden. Je weniger ein Wort im Mund geführt wurde, desto mehr Wert hatte es.

In diesem Sinne sagt der Rabbiner Isaac Sacca: »Wenn jemand den Namen Gottes für banale Dinge verwendet, missachtet er das Wort und den Namen Gottes und im übertragenen Sinn Gott selbst.«

Im Alltag ist das Schwören fast ein Reflex. Wie in vielen anderen Dingen weigern sich einige Gläubige, diese Gewohnheit zu akzeptieren. Sacca erklärt: »Übermäßiges Schwören ist im Judentum nicht gut angesehen. Es im passenden Moment in einer ernsten Angelegenheit zu tun ist korrekt. In diesem Fall kann und soll man darauf zurückgreifen, wobei aber immer die ausführlichen Regeln zu beachten sind, die wir haben und in denen die Art und Weise und die Anlässe festgelegt sind.«

Aber wie in anderen Fällen auch sind Moses' Gesetze

vom Sprachgebrauch überholt worden. Wie oft haben wir schon gesagt: »Ich schwöre dir, ich habe Soundso dort gesehen.« Das ist nicht mehr als die Verstärkung des Erzählten oder eines Gedankens, und damit soll Gott nicht beleidigt werden. Ich glaube auch, dass, abgesehen von dem ein oder anderen steinzeitlichen Exemplar, das sich nach der Inquisition zurücksehnt – die gibt es immer –, auch die Geistlichen nur noch formell über das Thema sprechen. Denn worauf es in Wirklichkeit ankommt, ist, was den Schwur begleitet, was er untermauern soll und ob die Absicht dahinter steht, jemandem mit einer Lüge zu schaden. Pater Ariel Busso[6], Dekan der Juristischen Fakultät der Universidad Católica Argentina, glaubt nicht, dass in diesen Fällen die Absicht besteht, Gott zu schmähen. »Wenn jemand sagt ›Ich schwöre dir, es stimmt‹ und die gekreuzten Finger an den Mund führt, dann will er nicht Gott schmähen. Problematisch ist es, wenn Gott offiziell angerufen wird, in dem Wissen, dass man ihn verraten wird. Man setzt es auf Gottes Rechnung, der Vergehen nicht mit Gefängnis und einer schmerzlichen Strafe ahndet wie die Menschen.«

Im Innern unserer Gesellschaft besteht immer noch die ehrerbietige Furcht vor dem Namen Gottes und Jesus', außerhalb der durch die Bibel vorgeschriebenen streng religiösen und kulturellen Kontexte. So schreibt Luis de Sebastián in seinem Buch *Die Gebote des 21. Jahrhunderts*: »In der protestantischen Tradition und wahrscheinlich durch Übertragung auch unter den angelsächsischen Katholiken ist es immer noch so, dass es Anstoß erregt, wenn jemand den Namen Jesus trägt. Ich benenne als Zeugen Jesús Luizurraga, der mit mir an der Universität von Oxford studiert hat und den die Engländer nie bei seinem Vornamen genannt haben, weil das in ihren Ohren blasphemisch klang oder zumindest nach Unehrerbietigkeit gegenüber Gott.«

Heutzutage gibt es bei den weltlichen Gerichten einen Tatbestand, den »Meineid«, dessen man jemanden beschuldigen kann, wenn er vor Gericht geschworen und danach gelogen hat. In der Tat hat der Schwur an Wert verloren. Aber andererseits hat seine Bedeutung die Jahrhunderte überdauert und ist noch immer in einer der fundamentalen Institutionen der modernen Gesellschaft lebendig: der Justiz, wo er auch geboren wurde.

Wenn wir sagen, der Schwur im Namen Gottes hat in der Gegenwart an Schlagkraft verloren, dann muss man berücksichtigen, dass die Worte im Allgemeinen an Wert eingebüßt haben. Vor allem das »gegebene Wort«. Ein befreundeter Medienunternehmer sagte zu mir: »Bis vor wenigen Jahren gabst du deinem Gegenüber die Hand und der Vertrag war geschlossen; die Anwälte kümmerten sich um den Rest. Heute ist alles anders, es gibt kein Wort, keinen Händedruck, der noch Gültigkeit hat, wir leben in einer Welt ohne Kodizes.« Ich will meinem Freund nicht widersprechen, aber Kodizes gibt es immer, sie haben sich lediglich verändert. Man passt sich nur an die neuen nicht an oder will sich nicht anpassen.

Zudem hat das mündliche Wort gegenüber dem schriftlichen an Bedeutung verloren. Pater Busso ist expliziter, wenn er schreibt: »Das Problem ist nicht die Gewohnheit zu schwören, sondern der Verlust der Werte. Wir leben in einer Welt, in der die Dinge, die gesagt werden, keinen Wert haben. Wir leben in einer Kultur des Scheins, und da ist es nur wahrscheinlich, dass der Schwur benutzt wird, um die allgegenwärtige Lüge zu untermauern.«

Als Jahwe Moses auf dem Berg Sinai seine Gesetze übergab, begriff das jüdische Volk, dass es keine Unterschiede zwischen religiösen und weltlichen Gesetzen gab. Alles war eins. Und damit stand der Mensch wieder vor dem altbekannten Problem: Da Gott sich nicht um jeden einzelnen Menschen kümmern kann, müssen andere Menschen diese Aufgabe übernehmen.

Mit Christus und der Bergpredigt kam es zu einem definitiven Wandel, als das Christentum die offizielle Religion des Römischen Reiches wurde. Ab da gab es eine strikte Unterscheidung zwischen Religiösem und Zivilem. Irgendwie haben die Kirchen es immer geschafft, ihre Macht auszubauen, und sie haben einige zivile Gesetze beeinflusst. Einige Gebote, die das Ergebnis des gesunden Menschenverstandes sind, ob mit oder ohne Gott dazwischen, haben Eingang in das Gesetzbuch gefunden: »Du sollst nicht töten«; »Du sollst nicht stehlen«; »Du sollst nicht falsch Zeugnis reden«; »Du sollst nicht begehren deines Nächsten Hab und Gut«.

Was wir schwören, wenn wir schwören

Im Sprachgebrauch gibt es eine Reihe von Ausdrücken, die mit dem gängigen Fachbegriff »performativ« bezeichnet werden. Es sind sogenannte Handlungsäußerungen; sie sagen also nicht nur aus oder weisen hin, sondern durch sie wird eine Handlung vollzogen. Wenn man zum Beispiel sagt »Ich schwöre«, dann spricht man nicht nur einen Satz aus, sondern man tut etwas. Die Handlung des Schwörens besteht darin zu sagen »Ja, ich schwöre«. Zu sagen »Ich liebe dich« impliziert den Akt des Liebens, denn der Satz sagt explizit, dass du den Adressaten der Äußerung liebst. Von daher die Forderung »Schwöre es mir« oder »Sag mir, dass du mich liebst«, denn es handelt sich dabei nicht lediglich um ausschmückende oder erklärende Äußerungen. Die Worte beinhalten die Handlung, die sie benennen. Sie binden und verpflichten den, der sie ausspricht.

Ich glaube, dass es manchmal gar nicht wünschenswert ist, das Versprochene einzulösen. Die Geschichte ist voll von Menschen, die ihren Worten keine Taten folgen ließen, aber unglücklicherweise ist sie auch voll von Diktatoren und Mördern, die Massaker und Rache versprachen und diese auch im Namen einer von ihnen selbst erfundenen Gerechtigkeit Wirklichkeit werden ließen.

Häufig wendet sich die Einlösung absurder Versprechen gegen diejenigen, die sie ausgesprochen haben. Das war der Fall bei Jeftah, einem der Richter Israels, der nach einer siegreichen Schlacht Gott leichtfertig versprach, dass er ihm zum Dank, wenn er in seinem Heimatort ankäme, die erste Person opfern würde, die ihn empfinge. Er hätte nicht im Traum daran gedacht, dass als Erste seine Tochter auftauchen würde, sein einziges Kind. Ohne auch nur einen Moment zu zögern, tötete und verbrannte er sie, nur um sein Versprechen Gott gegenüber zu erfüllen.

Diese Beispiele zeigen, dass es ein Fehler ist zu denken, alle Versprechen müssten immer erfüllt werden.

Zweifellos sind es die Politiker, denen man überall auf der Erde, mal mehr mal weniger berechtigt, unterstellt, sie versprächen am meisten und hielten sich im Gegenzug am wenigsten daran.

Eine der beeindruckendsten Episoden findet sich im VII. Brief der Schriften Platons, wo er sein unglückseliges Abenteuer berichtet und man ihn bezichtigt, den Tyrannen Dionysius in eine Art von ihm erträumten philosophischen König verwandeln zu wollen. Ein Freund Platons und Dionysius' muss fliehen, weil der Tyrann ihn zu töten beschlossen hat. Platon verwendet sich für ihn und Dionysius versichert ihm, der im Exil Lebende könne ganz beruhigt zurückkehren, er verspreche, ihn zu begnadigen. Als der Verfolgte eintrifft, wird er umgehend zum Tode verurteilt und exekutiert. Platon beschwert sich daraufhin bei Dionysius: »Du hattest versprochen, ihn zu begnadigen.« Der Tyrann schaut Platon eiskalt in die Augen und sagt: »Ich habe dir nichts versprochen.«

Das entspricht der Wahrheit. Der Tyrann verspricht nichts. Das heißt, er kann die Geste machen, die Worte aussprechen, aber er fühlt sich nicht an sie gebunden, weil er meint, über allen zu stehen, und niemand ihn zwingen kann, sich an sein Wort zu halten.

Oft sind wir zu fordernd, was die Versprechen der Politiker angeht. Sie benutzen sie, um sich bei den Wählern anzupreisen und zu verkaufen.

Man müsste sich die Frage stellen: Würden wir es tolerieren, wenn sie uns diese Versprechen nicht gäben? Würden wir einen Politiker wählen, der ohne jede Scham seine Grenzen eingesteht oder offen sagt, dass die Probleme groß sind und er sie kurzfristig nicht lösen kann, ohne große Opfer von der Bevölkerung zu fordern? Wie viele Männer könnten »Blut, Schweiß und Tränen« versprechen, wie es Winston Churchill im Zweiten Weltkrieg tat? Würden wir zulassen, dass ein Politiker uns knallhart die Wahrheit sagt und von uns verlangt, dass wir sie akzeptieren?

Wir beklagen uns oft über die Lügen der Politiker, aber unbewusst verlangen wir diese Lügen von ihnen. Wir würden sie nie wählen, wenn sie mit offenen Karten spielten und nicht den Eindruck von Allwissenheit und Allmacht erweckten, von denen wir alle wissen, dass sie sie nicht haben. Es ist paradox: Auf der einen Seite wollen wir nicht von Politikern getäuscht werden, aber andererseits fordern wir es.

> Die beste Art, das gegebene Wort zu halten, ist es nie zu geben.
>
> NAPOLEON BONAPARTE

Die Kunst, uns glauben zu machen, was sich nie erfüllt

Ein paar Berufe laufen den Politikern, was die Ausbeutung der Versprechen und das Einspannen Gottes für ihre Interessen angeht, den Rang ab. Da ist die Werbung, die uns auf Schritt und Tritt begleitet. »Wenn Sie ein Waschmittel finden, das weißer wäscht, erhalten Sie Ihr Geld zurück.« Solche und schrillere Versprechen – das mit dem Waschpulver ist im Grunde nicht so marktschreierisch – begegnen uns ständig im Fernsehen, im Radio und in den Zeitungen.

Die Werbung ist eine fortlaufende Berieselung des Konsumenten mit Versprechen und Schwüren. »Das ist das Beste«; »das enthält die natürlichsten Inhaltsstoffe«; »das wird Sie voll und ganz zufrieden stellen«; »vergleichen Sie es mit anderen«.

Das Erstaunliche ist, dass wir Leuten Glauben schenken, die uns zu Dingen überreden wollen, die nur ihnen Gewinn bringen, obwohl wir in anderen Bereichen nicht so leichtgläubig sind. Einem Werbespot zu vertrauen heißt jemandem zu vertrauen, der aus unserer Leichtgläubigkeit Nutzen zieht. Das Spiel ist so ähnlich wie bei den Politikern, nur mit anderen Charakteristika. Marcelo Capurro[7], Publizist und Journalist, hält die Verwendung vom Bild oder Namen Gottes in Werbekampagnen für übertrieben. »Vor allem weil ein von Hollywood geprägtes Bild existiert, das zum Beispiel einen blonden Christus mit himmelblauen Augen vorführt, wie der aus *König der Könige* mit Jeffrey Hunter in der Hauptrolle. Die Amerikaner haben ihr eigenes Bild der äußeren Erscheinung Gottes geschaffen, der mehr einem Norweger als einem Semiten ähnelt. Ich bin gegen die frivole Verwendung von Gottes Namen, vor allem wenn Gläubige damit torpediert und vor den Kopf gestoßen werden. Und ich glaube nicht, dass der Name Gottes heutzutage positiv genug ist, um den Verkauf des beworbenen Produktes anzukurbeln.«

In unserem Sprachgebrauch sind die Schwüre, das Versprechen mit göttlicher Gegensignatur, jedenfalls allgegenwärtig, vielleicht als Relikte aus früheren Sprachepochen.

Schließlich ist Gott immer da, damit man ihn mit Dank für das Gute, das geschieht, oder mit Flüchen und Klagen über das Übel, das uns widerfährt, überhäufen kann.

Oft sind die göttlichen Ursprünge noch in unseren Redewendungen enthalten. So heißt beispielsweise *ojalá*, »hoffentlich«, wörtlich »so Allah will«; es handelt sich also um einen Ausdruck, in dem wir Spanier jedes Mal, wenn wir ihn verwenden, ein muslimisches Glaubensbekenntnis ablegen, freilich ohne uns dessen bewusst zu sein, denn es handelt sich um einen Ausdruck, der in unsere sprachliche und soziale Praxis integriert ist.

Gott beleidigen

Das zweite Gebot enthält auch die Anweisung, Gott nicht zu lästern. Blasphemie bedeutet nach dem Wörterbuch der Real Academia: »Beleidigung Gottes, der Jungfrau oder der Heiligen«.

Für Luis de Sebastián geht die Einhaltung dieser Norm noch weiter, sie sollte als Gebot der Toleranz definiert werden. »Aber wir tun das nicht wegen irgendeines Dogmas«, sagt er, »sondern wegen der erforderlichen Toleranz in einer Welt mit einer großen Bandbreite an Religionen und philosophischen Lehren. Das sollte vor allem bei den praktizierenden Katholiken und Fundamentalisten Anwendung finden, die bereit sind, für die Einzigkeit, Wahrheit und den höchsten Stellenwert ihrer Religion zu sterben und zu töten. Die Blasphemie ist eine Besonderheit des Mittelmeerraumes, denn außerhalb dieser katholischen Völker dürfte es wohl keinen Ort geben, wo so viel Blasphemie betrieben wird wie in Spanien.«

Die Blasphemie hat auch einen gesellschaftlichen Inhalt. Viele Jahre lang war »auf Gott oder die Hostie zu scheißen« gleichbedeutend damit »auf Franco zu scheißen«, denn alles war eng miteinander verbunden und der Ausdruck wurde zu einer Art Protest gegen das Regime.

In dem Buch *Mein letzter Seufzer* schreibt der Regisseur Luis Buñuel: »Die spanische Sprache ist sicher die an Flüchen reichste der Welt. Im Unterschied zu anderen Sprachen, in denen Flüche und Lästerungen meist kurz und getrennt aufeinander folgen, nimmt die spanische Lästerung leicht die Form einer langen Rede an, in der sich beachtliche Grobheiten, die sich hauptsächlich auf Gott, Christus, den Heiligen Geist, die Jungfrau Maria und die Apostel, den Papst nicht zu vergessen, beziehen, aneinanderreihen und eine Folge von beeindruckenden Schachtelsätzen bilden können. Die Lästerung ist eine spanische Kunst. In Mexiko zum Beispiel, wo doch die spanische Kultur schon vor nunmehr vier Jahrhunderten Fuß gefasst hat, habe ich nie ordentlich fluchen gehört.«

Niemand bietet so viel an wie der, der sich nicht an seine Versprechen zu halten gedenkt

Wenn man nichts zu geben gedenkt, warum sollte man nicht alles versprechen? Darin liegt der Erfolg der großen Betrüger, die immer unwiderstehliche Angebote machen, weil sie nichts von dem Gesagten zu erfüllen gedenken.

Wenn du nichts geben willst, dann sei wenigstens großzügig bei dem, was du versprichst, da du es schon nicht sein wirst, wenn es darum geht, es einzuhalten.

Der Alltag zeigt uns jedenfalls, dass Schwüre an Kraft verlieren, sie büßen an Qualität ein, indem sie zu einem rein rituellen Akt verkommen, der manchmal eingefordert wird und dem man sich nicht entziehen kann.

Als ich jung war und mein Studium aufnahm, mussten Studenten und Professoren in einer Erklärung unterschreiben, dass wir den Prinzipien des Movimiento Nacional und seinem Führer Francisco Franco treu sind. Wer das nicht machte, konnte nicht am universitären Leben teilnehmen. Und so gingen wir hin und unterschrieben das Papier ohne hinzuschauen und ohne ihm eine Bedeutung beizumessen, und dann widmeten wir uns dem politischen Kampf gegen das, was wir gerade noch zu beachten versichert hatten. Hier handelt es sich um ein Beispiel für die Banalisierung eines Schwurs. Aber wie wir im Fall des unglücklichen Jeftah, dem Israeliten, der seine Tochter opferte, gesehen haben, war es im Universitätsleben damals durchaus korrekt, sich nicht an seine Schwüre zu halten.

Das Erstaunliche ist, dass wir uns in einer Welt bewegen, die zum großen Teil auf Glaubwürdigkeit basiert, das heißt, wir schenken einem Schwur, einem Versprechen, Glauben. Geld, Kreditkarten, Schecks, sogar der Währungskurs eines jeden Landes, all das basiert auf Glaubwürdigkeit. Man glaubt, etwas decke den Geldschein, den man in der Tasche hat; man glaubt, die Bank decke die Karte, und die Bank glaubt, dass der Kunde zahlen wird; und man selbst glaubt, dass der ausgehändigte Scheck gedeckt ist.

Wir geben einander Kredit. Es ist augenfällig, dass in der Kreditwelt der Schwur und das Versprechen banalisiert worden sind.

Versprechen, Schwüre. Bürgerliche Gesetze werden als Schutz dessen geschaffen, was in einem öffentlichen Dokument versprochen wurde. Auch die religiösen Gesetze sehen die Bestrafung desjenigen vor, der den Namen Gottes missbraucht. Aber den Betrogenen und Getäuschten interessiert es herzlich wenig, ob der, der ihm den Schaden zugefügt hat, vom göttlichen oder menschlichen Gericht bestraft wird. Ihn interessiert einzig und allein, wie der Verursacher zur Rechenschaft gezogen werden und ob er etwas von dem, was er verloren hat, zurückerlangen kann.

»Du sollst den Namen Gottes nicht missbrauchen.« Was heißt das? Über religiöse Fragen hinaus heißt es, dass man Gott nicht benutzen soll. Dass man große Worte nicht benutzen soll, um seine Mitmenschen zu hintergehen. Man soll sich nicht auf das Transzendente, Gott, die großen Werte, die Freiheiten, die öffentlichen Ziele der Gesellschaft berufen, um seine Mitmenschen zu hintergehen, sie zu täuschen und zum Spielball der eigenen Launen und Wünsche zu machen. Das Wertvolle darf nicht für Lüge und Betrug benutzt werden, denn damit zieht man es hinab in das Reich des Banalen.

III

DU SOLLST DEN FEIERTAG HEILIGEN

Der Schriftsteller hat eine Arbeitsdiskussion mit Gott

»Den Feiertag heiligen.« Endlich ein Gebot, das uns etwas Angenehmes befiehlt! Es ist der einzige Fall auf deiner Verbotsliste, bei dem uns etwas Angenehmes aufgetragen wird: ein Tag der Ruhe, der Feier und der Wonne.

Andererseits ist es natürlich auch nicht übermäßig viel, ein Vorteil unter zehn Verpflichtungen. Aber es ist besser als gar keiner. Nein, nein, glaub nicht, dass wir dir nicht dankbar dafür sind. Vielleicht nicht so sehr, wie du es dir wünschst, aber du musst zugeben, du bist immer ein wenig maßlos, wenn du Befehle erteilst und Dankbarkeit einforderst.

Ja ... ich weiß auch, dass wir immer Zwietracht säen und uns nicht einigen können, welcher der Tag ist, den du für die Ruhe vorgesehen hast. Die Muslime denken, es ist der Freitag, die Juden bestehen auf den Samstag und die Christen ziehen den Sonntag vor. Ich vermute, andere Religionen haben wieder andere Tage.

Aber du musst anerkennen, dass es sehr schwer ist, dieses Gebot zu befolgen, denn während der eine ausruht, müssen andere arbeiten. Außerdem ist in dieser Welt etwas eingetreten, das weder du noch Moses damals bedacht habt, nämlich, dass es vielen Leuten unmöglich sein würde, einen Tag zu ruhen, weil sie gar keine Arbeit haben. Wovon sollten sie sich also ausruhen?

Das Problem von Millionen von Menschen ganzer Kontinente ist die Arbeitslosigkeit. Sie haben keine Beschäftigung und nichts liegt ihnen ferner, als an die Vorteile des dritten Gebots zu denken, denn was sie am meisten ersehnen ist eine Aufgabe. Sie ruhen zwangsweise, und auch wenn es auf den ersten Blick so scheinen mag, ist das alles andere als spaßig. Viele Leute haben ihre Beziehung zu Arbeit und Freizeit geändert. Und, unter uns gesagt, du hättest ruhig liebenswürdiger sein und der Woche sechs Ruhetage und nur einen geben können, an dem wir unser Brot im Schweiße unseres Angesichts verdienen müssen. Auf diese Weise wäre die Arbeit besser verteilt und jeder hätte eine Beschäftigung. Ja, ich weiß, du bist keine Agentur für Arbeit. Ich verstehe, dass du die Welt erschaffen hast und nicht alles im Kopf haben konntest, und so hast du ein paar Dinge übersehen. Aber wenn du schon nicht alles berücksichtigen konntest, dann stell dir mal vor, wie schwer es für uns ist, die wir nur aus Fleisch und Blut sind!

Ausruhen, wenn man konnte

»Gedenke des Sabbattages: Halte ihn heilig. Sechs Tage darfst du schaffen und jede Arbeit tun. Der siebte Tag ist ein Ruhetag, dem Herrn, deinem Gott, geweiht. An ihm darfst du keine Arbeit tun: du, dein Sohn und deine Tochter, dein Sklave und deine Sklavin, dein Vieh und der Fremde, der in deinen Stadtbereichen Wohnrecht hat. Denn in sechs Tagen hat der Herr Himmel, Erde und Meer gemacht und alles, was dazugehört; am siebten Tage ruhte er. Darum hat der Herr den Sabbattag gesegnet und ihn für heilig erklärt.«

Die Idee, einen Tag zu haben, um ihn heilig zu halten und ihn zu einem rituellen Fest zu machen, das dem Herrn huldigt, ist an die Vorstellung der Woche als Einheit gebunden. Für die Griechen und Römer war jeder Tag einem bestimmten Gott gewidmet.

Wenn, wie Luis de Sebastián zeigt, die Leute von Sonnenaufgang bis Sonnenuntergang arbeiteten, wie sollten sie da Zeit für den Gottesdienst finden? Und wenn sie keine Zeit für Gottesdienst und Religion hatten, wie sollten sie sich dann dem Einfluss der religiösen Führer unterstellen und sich von diesen leiten lassen? Wie konnten sie dem religiösen Apparat des Gotteshauses, den Synagogen und Bediensteten einen Sinn, gesellschaftliche Macht und wirtschaftliche Beständigkeit geben? Die Institution des Sabbats, des heiligen Tages, an dem nicht gearbeitet wird, ist die historische Form, im menschlichen Leben Zeit für die Religion zu reservieren und sie damit gesellschaftlich relevant zu machen.

Ein Tag für einen Gott, außerhalb der Arbeitswelt, ließ sich einbinden in den Tagesablauf der Städte, der Händler und derer, die die Landwirtschaft verließen. Die Bauern haben nie, weder in der Vergangenheit noch heute, im Wochenrhythmus gearbeitet, sondern nach Jahreszeiten. Sie mussten zu einem bestimmten Zeitpunkt säen, zu einem anderen ernten und konnten sich nicht am kleinen Zeitraum von sieben Tagen orientieren.

Der abstrakte Ablauf der Woche hat nichts mit Sonne, Regen oder Wind zu tun, er ist an die Art und Weise gebunden, in der man die Zeit in der Stadt bemisst. Der Ruhetag ist eine Zäsur in der ununterbrochenen Abfolge von

Arbeitswochen, die mit der Abkehr der Menschen von den an die Zyklen der Natur gebundenen Arbeiten aufkam. Da wurde dieser nicht endende Minizyklus am Rande des Sonnenkalenders erschaffen, die Arbeitswoche, so wie wir sie heute kennen. Also ist der Ruhetag eine Konvention unter Umgehung der Natur, in der weder Sonne noch Sterne, noch Saat noch Ernte eine Rolle spielen.

Professor José María Blázquez[8] erklärt, dass es in der jüdischen Welt fünf große Feste in Abhängigkeit von der Landwirtschaft gab, die anscheinend von den Kanaanitern und Phöniziern übernommen wurden. Diese großen Feste, wie das der Tabernakel oder das Pessachfest etcetera, waren bindend und stellten eine Unterbrechung der Arbeit dar, denn die Leute mussten nach Jerusalem, in das Zentrum der Feierlichkeiten, reisen.

Die Christen haben den Huldigungstag auf den Sonntag verlegt. Warum Sonntag und nicht Samstag? Weil vom ersten Tag an Christi Auferstehung gefeiert wurde.

Nach Pater Busso kam es dazu, weil sich in der Woche der Auferstehung Christi die Apostel am Sonntag versammelten, um das Wunder zu feiern. Frage man nach der Bedeutung des Tages, so stelle man fest, dass freitags die Muslime, am Sabbat die Juden und am Sonntag die Christen in Jerusalem sind. Entscheidend sei, dass die Religion die konkrete Verbindung des Menschen mit Gott bedeute und sich in einem Kultakt äußere, ganz gleich welcher der gewählte Tag sei, auch wenn für die Christen immer noch der Sonntag der Tag der Huldigung sei.

Arbeiten, aber nicht dabei umkommen

Einer meiner Freunde wiederholt gern, der schlagende Beweis dafür, dass Arbeit nicht gut, sondern schädlich sei, sei die Tatsache, dass man uns dafür bezahlt. Wenn wir über die Verflechtung von Leben und Arbeit sprechen, sollten wir nicht vergessen, dass es darum geht zu arbeiten, um zu leben und nicht um das Leben der Arbeit zu opfern. Es ist kein Zufall, dass das spanische Wort für Arbeit, *trabajo*, von *tripalium*, einem Folterinstrument, abgeleitet ist.

Die Idee, Gott einen Tag zu widmen, war eine fantastische Ausrede, denn man durfte nicht kochen, arbeiten, kein Feuer anmachen etcetera. Man durfte nur passiv sein. Außerdem war dieses Gebot ein Trost für den historisch-biblischen Fluch, als Adam und Eva aus dem Paradies vertrieben wurden und der Menschheit nichts anderes übrig blieb, als unermüdlich zu arbeiten, um ihr Brot im Schweiße ihres Angesichts zu verdienen. Der Fluch war schrecklich: »Weil du auf deine Frau gehört und von dem Baum gegessen hast, von dem zu essen ich dir verboten hatte: So ist verflucht der Ackerboden deinetwegen. Unter Mühsal wirst du von ihm essen alle Tage deines Lebens. Dornen und Disteln lässt er dir wachsen, und die Pflanzen des Feldes musst du essen. Im Schweiße deines Angesichts sollst du dein Brot essen, bis du zurückkehrst zum Ackerboden; von ihm bist du ja genommen. Denn Staub bist du, zum Staub musst du zurück.«

Das Judentum assoziierte von Anfang an die Idee des Ausruhens mit der Genesis, der Erschaffung der Welt:

»Denn in sechs Tagen hat der HERR den Himmel und die Erde gemacht ... und am siebten Tage ruhte er.«

Der Rabbiner Isaac Sacca sagte in seiner zeitgenössischen Erklärung, dass der Mensch nicht ununterbrochen schaffen könne, denn das erzeuge Stress. Es müsse Augenblicke der Entspannung geben. Genug geschaffen. Man müsse sich selbst betrachten, um nachzudenken, zu analysieren und sich geistig auszuruhen. Es gebe neununddreißig grundlegende und von ihnen abgeleitete Tätigkeiten, die am siebten Tag verboten seien, und das sei ein Geschenk von Gott an den Menschen, damit er es genieße.

Die Sklaverei war ein Fortschritt

Die Sklaverei war zweifelsohne eine der schrecklichsten Geißeln, unter denen die Menschheit jahrhundertelang gelitten hat. Aber auch auf die Gefahr hin, für einen Steinzeitmenschen gehalten zu werden, versichere ich Ihnen, dass Sklave sein auch sein Gutes hatte und trotz allem einer der großen Fortschritte der Zivilisation war.

In früheren Zeiten haben die Völker sich gegenseitig bekriegt, und das Schicksal der besiegten Gegner war kein anderes als der Tod. Es gab kein Mitleid mit dem Besiegten und auch nicht mit seiner Familie. Der Sieger metzelte Männer, Frauen, Kinder und Greise nieder.

Als die Völker schließlich Arbeitskräfte für Ackerbau, Viehzucht und Bauvorhaben benötigten, begriffen sie, dass es weit nützlicher war, die Unterworfenen zu versklaven als sie zu töten, und so ermöglichten sie ihnen das Überleben.

Der eroberte und mit Gewalt unterworfene Sklave wurde ein Teil der Gesellschaft, in die er sich integrierte, auch wenn er nicht die Rechte seiner Herren hatte. Im Verlauf von Jahrhunderten gewannen diese Arbeiter allmählich an Anerkennung und Würde; die Arbeit wurde von einem unmenschlichen Zwang zu einem einforderbaren und notwendigen, in Garantien eingebetteten Recht. Die Geschichte der Entwicklung der Arbeitskräfte ist eingebunden in die Entwicklung der Zivilisation.

Aber die Arbeit war nicht immer ein so hoch angesehener Wert. In der Vergangenheit wurde sie mit den unteren Schichten gleichgesetzt, mit einem Fluch, zu dem die Armen gezwungen sind. Die vorherrschenden Werte waren die aristokratischen: Krieg, Jagd, Tanz, Macht. Die Menschen, die das gewünschte Leben führten, arbeiteten nicht und waren stolz darauf, dass sie es nicht taten. Die Frauen sollten feine, glatte Hände haben, und keine schwieligen von der täglichen Arbeit. Ihre Gesichter sollten weiß sein, was sie von den armen Landfrauen unterschied, die jeden Tag der Sonne ausgesetzt waren.

Ab dem 13. Jahrhundert begannen die Dinge sich zu wandeln; mit dem Aufstieg des Bürgertums begann man anzuerkennen, dass jemand arbeitsam und verantwortungsbewusst war und mit eigener Anstrengung ein Unternehmen aufbauen konnte.

Im 19. Jahrhundert setzten sich diese Maßstäbe endgültig durch. Im Gegenzug kam es am Ende des Jahrhunderts zu einer neuen Wertschätzung der Muße, von der wir alle zu profitieren versuchen, um wieder – zumindest ein kleines bisschen – wie die Aristokraten der Vergangenheit zu werden.

Das Geld, manchmal ein Produkt der Arbeit und manchmal nicht, hat neue Hierarchien geschaffen. Was du auf deinem Bankkonto hast, ist wichtiger als die Herkunft. Die Geschäftstüchtigkeit ersetzt das Wissen im Umgang mit Waffen, auch wenn diese oft verwendet werden, um wirtschaftliche Interessen zu verteidigen.

Es tauchen neue Dienstbarkeiten auf, die Jahwe als Gesetzgeber nicht berücksichtigt hat. Ich stelle mir immer wieder dieselbe Frage: War dieser Modernisierungsprozess, der uns zu Besitzenden gemacht hat, es wert? Ich antworte mit einer weiteren Frage: Hat es Sinn, jetzt diesen Prozess bewerten zu wollen, den zu verändern ich keine Möglichkeit sehe?

Aber nicht alle Menschen sind gleich. Die als unzivilisiert erachteten Völker arbeiten nur wenige Stunden am Tag und brauchen nicht viel zum Leben. Sie sorgen sich auch nicht um die Schwierigkeiten, die die Zukunft mit sich bringen könnte. Was sie sehr wohl, geradezu im Überfluss, haben, ist freie Zeit, in der sie sich amüsieren oder einfach nichts tun. Wirtschaftsfachleute vertreten die Ansicht, sie würden im Mangel leben. Was diese Fachleute nicht sehen, ist, dass diese Menschen Millionäre an Freizeit sind, einem heutzutage ungemein geschätzten Gut. Was die Wirtschaftsfachleute angeht, so hat sie der schottische Schriftsteller Thomas Carlyle im 19. Jahrhundert als »ehrwürdige Professoren einer düsteren Wissenschaft« bezeichnet. Und man muss nicht lange nachdenken, um zu dem Schluss zu kommen, dass im Mark der Wirtschaft das Düsterste der düsteren Wissenschaft liegt: die Arbeit.

> Das am meisten unter den Nägeln brennende Problem ist die Freizeit, denn es ist stark zu bezweifeln, dass der Mensch sich selbst ertragen kann.
>
> NACHO DUATO

Wir leben in einer Zeit, in der die Freizeit ermüdender ist als die Arbeit. So kommen die Leute beispielsweise immer erschöpft aus den Ferien, und man müsste eine Form der Erholung von der Erholung erfinden.

Unsere Zeit ist die der »Revolution der Freizeit«, die zu einem Ideal und zum höchsten Ziel für die meisten Menschen wird. Auch wenn es widersprüchlich klingt, aber die Freizeit ist heutzutage eng mit der Produktion verbunden. Es ist die Zeit des Geldausgebens. Man arbeitet viel, um Geld anzuhäufen, das man später für die Ferien, das Ferienhaus, Amüsement, körperliche Fitness etcetera ausgibt.

All das für die Freizeit angehäufte Geld nutzt jedoch nichts, wenn diese nicht in einen kulturellen Rahmen eingebettet ist. Denn es ist die Kultur, die den Menschen für die Freizeit vorbereitet, nicht nur für die Produktivität und das Arbeitsleben, sondern auch darauf, in den Momenten, in denen er nicht für andere arbeitet, kreativ zu sein. Die Kultur ermöglicht dem Individuum die Verwendung der Gesamtheit seiner Kräfte für seine Vorlieben, ohne sich diese erkaufen zu müssen.

Ein ungebildeter Mensch unterscheidet sich von einem gebildeten dadurch, dass er mehr Geld für seine Freizeit ausgeben muss, denn er kann nichts aus sich hervorbringen, er muss alles von außen kaufen. Das ist wie bei den Ländern ohne eigene Produktion; ihre ganzen Ressourcen werden dafür verbraucht, all das zu bezahlen, was sie von außen herbeischaffen müssen.

Ein gebildeter Mensch nutzt die Momente der Ruhe, um zu entwickeln, was er in sich trägt. Natürlich können auch die Dinge von außen dazukommen, wie beispielsweise Bücher oder CDs, aber er selbst schafft den Mehrwert in der Freizeit. Er benutzt sein Wissen, sein Gedächtnis und seine Sensibilität, um etwas zu schaffen, das sich von der täglichen Arbeit unterscheidet.

Deshalb muss man berücksichtigen, dass man nicht nur dazu erzieht, ein Handwerk oder einen Beruf zu erlernen. Man muss auch für die Freizeit erziehen, kreative Fähigkeiten wecken, die verhindern, dass wir diese Momente nur mit Konsum und Verschwendungssucht füllen, wie es die Gefangenen ihrer eigenen Unbildung tun.

Luis de Sebastián erklärt, das dritte Gebot sehe Arbeit vor, damit man anständig leben kann, aber es weist einen an, nicht ausschließlich zu leben, um zu arbeiten. Außerdem muss man für hehre Dinge leben, für die anderen und für sich selbst als spielerischer Mensch, der Ruhe und Freizeit benötigt, um menschlicher zu sein und um die ihm eigene Genussfähigkeit zu nutzen. In diesem Sinn ist dieses dritte Gebot das der Freizeit und des Spiels, des Amüsements, des Sports, der schönen Künste und des Spaßes am Leben. Und nicht nur das Gebot, unter der einschüchternden Drohung ewigen Fegefeuers jeden Sonntag zur Messe zu gehen.

Man muss auch darüber nachdenken, wofür wir all das, was wir mit unserer Arbeit erreichen, wollen. Du arbeitest sechs Tage die Woche und plötzlich hältst du inne, schaust in den Himmel und die Hölle und fragst dich, wie ein Andalusier, »¿Y to pa qué?«, und wofür das alles? Und genau dieser Moment der Reflexion ist die Ruhe.

Modernität, Arbeitslosigkeit und soziale Ungleichgewichte

Anfang des 20. Jahrhunderts stellten sich Science-Fiction-Schriftsteller und Utopisten vor, dass wir auf eine Zivilisation der Freizeit zusteuerten, in der immer weniger gearbeitet würde und es mehr Zeit für Erholung, Kreativität und Spiel gäbe.

So ähnlich ist es auch gekommen, aber unter weit unheilvolleren Vorzeichen. Anstelle einer Zivilisation der Freizeit erleben wir eine Zivilisation der Arbeitslosigkeit. Sie besteht aus Gruppen von Menschen, die sich viele Stunden abrackern, aber nur um ihren Arbeitsplatz nicht zu verlieren, um nicht gefeuert zu werden. Die Leute verzichten sogar auf Pausenzeiten und verpflichten sich zu Überstunden.

Auf der anderen Seite haben Millionen von Menschen keinen Zugang zur Arbeit, sie sind beschäftigungslos und leben, im besten Fall, von Arbeitslosengeld und Sozialhilfe, denn in vielen Ländern sind es einfach Arme, die über keinerlei Einnahmequelle verfügen.

Diese ungleiche Situation hat dazu geführt, dass sich die Bedeutung der Freizeit gewandelt hat. Es ist keine Zeit der Ruhe und Erholung mehr. Wie gesagt, es ist die Zeit des Geldausgebens, des Konsums. So strengen sich die Leute in ihrer Freizeit mehr an und sind gestresster als bei der Arbeit. Denn sie müssen darüber nachdenken, was und wie sie kaufen können, was ihnen Vergnügen bereitet oder ihnen einen höheren Status verleiht.

Bei der ungleichen Verteilung der Arbeit sterben die einen wegen Überarbeitung am Infarkt, während die anderen an Hunger oder Vernachlässigung sterben, weil es ihnen nicht gelungen ist, sich ihren Platz auf dem Arbeitsmarkt der Gesellschaft zu sichern.

Warum ist die Arbeit so schlecht verteilt und warum kann man nicht für Ausgleich sorgen? Heute ist sie ein gesellschaftliches Gut, nicht nur ein Produktionsweg, sondern ein Weg zur Integration in die Gesellschaft. Die Leute müssen nicht nur arbeiten, um zu essen, sondern um sich nützlich, anerkannt und nicht ausgegrenzt zu fühlen.

Eine der großen wirtschaftlichen, sozialen und politischen Herausforderungen des 21. Jahrhunderts ist, mit einer gerechten Verteilung der Arbeit zu vermeiden, dass die Schere zwischen den Ländern, in denen es Arbeit gibt, und denen, wo die Menschen zum Müßiggang gezwungen sind, noch weiter auseinanderklafft.

> Es gibt hier drei Arten von Leuten, die, die sich durch Arbeit umbringen, die, die arbeiten sollten, und die, die sich umbringen müssten.
>
> MARIO BENEDETTI

Die Arbeit früher mochte erschöpfend sein, aber wenigstens hatte der Einzelne den Eindruck, Herr über das zu sein, was er tat. Durch seine Anstrengung sah er einen Gegenstand, ein Produkt entstehen. Etwas Vollständiges und Konkretes, das aus seinen Händen kam.

Bei der modernen Arbeit ist das anders. Ihr ist eigen, dass die Arbeiter bis zur Erschöpfung schuften und nie das Produkt ihrer Arbeit sehen. Der Arbeiter trägt nur eine kleine Schraube, eine winzige Modifikation bei. Erst viel später taucht das vollendete Produkt auf.

So kommt es zu einem Gefühl von maschinenmäßiger Tätigkeit im Leeren. Eine Bewegung zu machen, deren endgültiges Ergebnis der Ausführende nie sehen kann und das sich aus hunderten ähnlicher Bewegungen zusammensetzen muss. Das erzeugt die spezielle Beklemmung der Montagekette und der Arbeit in der Moderne, die im Kino so trefflich dargestellt wurde.

Natürlich sind die Bilder in *Moderne Zeiten* von Charlie Chaplin beeindruckend. Auch die Sklavenreihen aus Fritz Langs *Metropolis* haben sich im kollektiven Gedächtnis eingebrannt; ganz gleich wie oft man sie sieht, sie haben immer noch dieselbe Schlagkraft wie beim ersten Mal. Dort wird gezeigt, was ich eben erläuterte: die Idee der vom fertigen Produkt abgekoppelten Arbeit, das die Entschädigung für die Anstrengung war, und der Einsatz von Robotern für bestimmte Tätigkeiten. Es ist kein Zufall, dass das von Karel Capek erfundene Wort »robot« Zwangsarbeiter bedeutet, Symbol einer vom Kino oft angeprangerten Haltung.

Die Maschine, der zerplatzte Traum

Einer der ältesten Träume der Menschheit ist der, dass Maschinen die Menschen von der Arbeit befreien und ihnen als eine Art mechanischer Sklave erlauben, die freie Zeit kreativ zu nutzen, während sie selbst alle niederen Arbeiten erledigen. Es gibt Science-Fiction-Romane und sogar soziologische Texte mit Gedankenspielen, wie die Maschinen den Menschen von seiner Strafe, der Arbeit, entbinden könnten.

Die Wirklichkeit sah anders aus. Es ist richtig, dass in einigen privilegierten Regionen der Erde der Mensch sich einer Reihe von Aufgaben entledigt hat, aber dafür ist er an neue gebunden. Die Maschine steigert unsere Möglichkeiten, Dinge zu tun. Sie vervielfacht im Gegenzug unsere Verpflichtungen und unsere Arbeitszeit. Außerdem erhöht sie die gesellschaftlichen Probleme, denn dadurch dass sie schneller ist, macht sie viele arbeitslos. Eine Lösung ist nicht in Sicht.

Die Maschine hat nicht zu einer zweckmäßigen Verteilung der Arbeit geführt, sondern einer Gruppe mehr Verpflichtungen auferlegt und andere zur Inaktivität verurteilt.

Die Maschinen können die gesellschaftlichen Probleme nicht lösen, wir Menschen müssen uns dieses Themas annehmen und sie zweckmäßig einsetzen. Vielleicht wäre es eine Lösung, die Arbeitszeit ohne Lohneinbußen zu verkürzen, damit mehr Leute arbeiten könnten. Oder man könnte abwechselnd eine Zeitlang arbeiten und dann ein paar Jahre aussetzen, sodass die Stellen untereinander weitergegeben werden. Ich frage mich, ob es nicht an der Zeit ist, über eine Form des Lebensunterhaltes nachzudenken, die nicht nur durch Arbeit finanziert ist. Vielleicht müsste man ein fixes Mindesteinkommen festlegen, das man einfach bekommt, weil man zu einer gesellschaftlichen Gruppe gehört. Das ist die »Grundrente«, bekannt als »allgemeines Mindesteinkommen der Bürger«. Es wäre kein Arbeitslosengeld und keine Sozialhilfe, sondern eine wirtschaftliche Basis, unabhängig von Beschäftigung und der finanziellen Situation des Einzelnen. Ausgehend von dieser Grundsicherung könnte jeder für sich seine beruflichen Vorhaben, seine Arbeits- und Pausenzeiten und die nicht vergüteten Aktivitäten, die er ausüben will, organisieren.

Diese Grundrente kann man sich auf ganz verschiedene Weise – gemäßigt oder extrem – vorstellen. Man kann natürlich nicht abstreiten, dass sie uns vor komplexe Herausforderungen stellt, denn man müsste das gegenwärtige soziale Sicherungssystem und die Form der Finanzierung seiner Ausstattung vonseiten der Staaten ändern. Direkt hieße das: gerechte Verteilung der Arbeit, eine Entspannung am Arbeitsmarkt und Wertschätzung der Arbeit der Hausfrauen, die unverzichtbar, heutzutage aber unentlohnt sind. Die eigentliche Neuerung bestünde darin, die bezahlte Tätigkeit zu einer den Ambitionen jedes Einzelnen entsprechend abstufbaren Option zu machen, um so den traditionellen Fluch Jahwes über die ihm nicht gehorchenden Menschen aufzuheben.

Wahrscheinlich klingt das in den Ohren der Experten nicht gut, aber ich bin kein Wirtschaftsfachmann. Der neoliberale Ökonom Milton Friedman, der sich sehr wohl in diesem Metier auskennt, ersann den Plan, eine negative Einkommenssteuer einzuführen. Das bedeutet, alle zahlen Steuern gemäß ihrem Einkommen, aber wenn die Einkünfte einer Person zu gering sind, bekommt sie Geld anstatt zu zahlen.

Marcos Aguinis sagt, die Arbeit sei ein Segen, sie gebe

uns einen geordneten Rahmen, erbaue und inspiriere uns. Manche Arbeiten seien angenehm, andere nicht, aber überhaupt keine Arbeit zu haben, habe sehr negative Auswirkungen. In den Ländern, in denen gesellschaftliche Ordnung und Reichtum es ermöglichen, über lange Zeit Arbeitslosengeld zu zahlen, gebe es schon Generationen von Arbeitslosen, das heißt, Eltern und Kinder. Dort müsse eine Atmosphäre herrschen, die menschlich nur schwer nachvollziehbar sei. Jedenfalls dürfe behauptet werden, dass die Menschen Arbeit bräuchten.

Ein entgegenkommendes Gebot

Die Gesellschaft Jahwe-Moses hat sich keine zur Arbeit zwingenden Gebote ausgedacht. Die Notwendigkeit zu arbeiten ist so elementar, dass man es nicht für notwendig erachtete, die Arbeit in den Katalog an Verpflichtungen aufzunehmen.

Das dritte Gebot ist das einzige, das uns etwas verbietet, auf das wir keine Lust haben. Es heißt: Arbeitet nicht. Etwas, das niemanden bekümmert. Es ist das fröhlichste und am leichtesten zu befolgende Gebot. Ich glaube, niemand wird etwas gegen einen Ruhetag einzuwenden haben. Es heißt, man soll den Sabbattag heilig halten, aber gemeint ist, dass man den Tag dem eigenen Ich, den eigenen Vorlieben, der Entwicklung der Persönlichkeit und nicht einfach der Produktivität widmen soll. Es ist das hedonistischste Gebot.

Es handelt sich um ein Gesetz, das eine Reihe von

Aspekten abdeckt, die uns auf Anhieb gar nicht in den Sinn gekommen wären: der Bezug zur Arbeit, zur Freizeit, zum Sinn des Lebens. Kurz: Es ist viel reicher und tiefgründiger als einfach nur der Gedanke, uns zu verpflichten, einmal in der Woche unsere Routine zu unterbrechen.

IV

DU SOLLST VATER UND MUTTER EHREN

Der Herr, der sich als Vater von allem und allen betrachtet, hört sich ein paar Überlegungen des Autors an

Du hast uns befohlen, Vater und Mutter zu ehren. Ich glaube, jeder gesittete Mensch trägt in sich die Veranlagung, seine Eltern spontan zu lieben. Genauso wie die Eltern ihre Kinder lieben.

Die Kinder sehen in ihren Eltern das Tor zum Eintritt in die Welt. Die Eltern zu ehren ist eine gute Idee, aber es kann zu Missverständnissen führen. Oft glauben die Eltern, sie zu ehren sei gleichbedeutend damit, ihre Autorität nicht in Frage zu stellen; man muss ihnen blind gehorchen und all ihren Launen folgen. Manchmal fordern sie von ihren Kindern, dass sie das Leben führen, das sie gerne gehabt hätten und das ihnen nicht beschieden war. Sie machen sie zu einer Verlängerung ihrer Wünsche und Träume.

Trotz deiner Forderungen hat genau diese berechtigte Vorstellung, die Eltern zu ehren, gelegentlich äußerst negative Folgen gehabt. Ich weiß nicht, ob du oft ins Kino gehst, aber wenn du ein Anhänger der siebten Kunst bist, wirst du dich an einen exzellenten Film von Alfred Hitchcock erinnern, Psycho. *Dort wird drastisch vor Augen geführt, welche Probleme es einem armen Jungen bereiten kann, seine Mutter übermäßig zu lieben. Auch wenn ich nicht abstreiten will, dass die Idee gut ist, glaube ich, dass man sie, wie alle, differenzierter betrachten sollte.*

Bedenke, dass die Situation heute eine ganz andere ist als die zu der Zeit, als du dieses Gebot aufgestellt hast. Es hat den Anschein, als wäre es aus der Mode gekommen, die Vorfahren zu ehren. Falls du es nicht wissen solltest, heutzutage stürzt sich die Welt des Marktes auf die Wünsche der Jugend. Jetzt sind die jungen Leute wichtig, weil sie konsumieren. Sieh ... es ist so wichtig, jung zu sein, dass es schon fast eine Verpflichtung ist. Viele Väter und Mütter ziehen es vor, mit ihren Kindern verwechselt, für deren ältere Geschwister gehalten zu werden. Schau mich nicht so überrascht an ... Ich weiß, zu der Zeit, als du die Gesetze auf dem Berg Sinai übergeben hast, waren die Alten die Angesehensten, aber das hat sich geändert. Niemand will Vater sein, denn das macht viel zu alt. Alle wollen ewige Jugend. Heute ist man der Ansicht, der Verlust der Jugend sei eine furchtbare Krankheit. Also haben wir es wieder mit einem Gebot zu tun, das von den Taten und Sitten der Menschen jeden Tag in Frage gestellt wird.

Väterlicher Schutz

Luis de Sebastián erklärt die Gründe der Hebräer für das vierte Gebot: Moses versuchte ein homogenes, geeintes Volk zu bilden, und ihm war klar, dass die Familie ein Grundelement gesellschaftlicher Ordnung ist. Die väterliche Autorität war das Verbindungsglied, das den Einzelnen an die politische und religiöse Autorität band, die die Masse von Individuen einte. Die Eltern ehren heißt im

Grunde ihre Autorität gegenüber den Kindern anerkennen, anerkennen, dass unsere Eltern uns Befehle erteilen und wir ihnen zu gehorchen haben.

Für den Schriftsteller Martín Caparrós[9] gibt es einige Aspekte an diesem vierten Gebot, die ihm zu denken geben: »Es ist ein wenig befremdlich, denn es ist doch nur natürlich, Vater und Mutter zu ehren. Dass es ein Gebot gibt, das dir das ausdrücklich befiehlt, ist ein Hinweis darauf, dass es für sie nicht natürlich war und dass sie zu Vater und Mutter nicht besonders liebenswürdig waren. Ich glaube, sie waren ein wenig seltsam. Klar hat die Einführung von Abstammung und Eigentumsübergang eine geordnete, solide Familie als Grundlage gebraucht, etwas das möglicherweise noch nicht so gang und gäbe war, als dieser Junge, Moses, mit ein paar schlecht gehauenen Steinen vom Berg kam. Ich vermute, die Gebote sprechen von den Mängeln, von dem, was die Leute nicht von selbst tun wollten, und die Tatsache, dass diese Vorfahren nicht bereit waren, Vater und Mutter zu ehren, sieht für mich sehr danach aus, als gäbe es nichts Neues unter der Sonne. Man hört oft: ›Ihr habt keinen Respekt vor euren Eltern‹. Meine Eltern sagten das zu mir und jetzt bekommen die Kinder das zu hören.«

Unsere Kindheit über sind wir durch die Figur unserer Eltern geschützt. Sie stellen sich zwischen uns und die Verantwortungen; zwischen uns und die Probleme; zwischen uns und die Nöte des Lebens und des Todes. Die Eltern dienen uns als Mauer, in deren Schutz wir wachsen und gedeihen.

Aber es kommt der Moment, in dem die Eltern an schützender Größe einbüßen, bis sie ganz verschwunden sind.

Dann merken wir, dass wir in der ersten Reihe stehen und unsere Kinder anfangen, hinter uns Schutz zu suchen. Das fällt mit dem Verlust der Mauer zusammen, die zwischen uns und der Not, dem Schmerz, den Anforderungen des Lebens und dem Tod stand. Es ist ein dramatischer Augenblick. Wir sind erwachsen, wir sind selbst Eltern und werden unseren Lebenszyklus auf beste oder schlimmste Weise vollenden.

Autorität und Freiheit

Ein Merkmal der Vaterschaft ist die Unterordnung der Kinder, die das Gegengewicht zu der Verantwortung darstellt, die der Vater zu tragen hat, in irgendeiner Form Autorität zu verkörpern.

Das Wort darf man nicht mit Autoritätsmissbrauch oder Tyrannei verwechseln. »Autorität« kommt von dem lateinischen Wort *auctor*, das bedeutet »was wachsen lässt, was zu wachsen hilft«. Es ist also definiert als dasjenige, das hilft, gut zu wachsen. Und das ist das genaue Gegenteil von Tyrannei, denn das Interesse des Tyrannen ist es, diejenigen, die er unterjochen will, in einem Zustand ewiger Kindheit zu halten. Die wahre Freiheit ist die, die dem Kind das nötige Rüstzeug mitgibt, sie zu erlangen.

Die Erziehung ist die Grundlage für die Entwicklung der Freiheit. Aber das ganze Thema ist zwangsläufig ein Drama. Wer erzieht, ob Vater oder Lehrer, tut das, damit der Zögling das Nest verlässt, unabhängig wird. Aber das ist mit einem inneren Kampf verbunden, denn man will den Zögling zurückhalten, unverzichtbar sein. Vielleicht sagt man sich: »Schön ... ich werde ihn ein wenig falsch erziehen, damit er abhängig bleibt und mich nicht im Stich lassen kann.« Eine erfolgreiche gute Erziehung bedeutet also am Ende, allein zu bleiben.

Eine weitere Besonderheit ist die Beziehung zu fiktiven, geistigen Eltern. Oft sagt man: »Du warst wie ein Vater für mich«. Das hat seine Vorteile, es handelt sich um Eltern, die man ohne großes Schuldgefühl beiseiteschieben kann. »Bis hierher warst du mir dienlich, jetzt bist du nicht mehr mein Vater, ich suche mir einen neuen.« Wir behandeln ihn wie ein Auto. Wenn man sich beispielsweise auf künstlerischem Gebiet von jemandem beeinflusst fühlt und ihn als Vater betrachtet, ist es nicht so eindeutig, ob es vorteilhaft ist, ihn zu ehren. Vielleicht müsste man ihn verraten, denn in der Kunst hat der Verrat oft die großen Veränderungen und Entwicklungen angestoßen, durch die Energie, die entsteht, wenn man versucht, seinen Lehrmeister zu übertreffen.

Jedenfalls ist es eine schwierige Aufgabe, denn bei der Geltendmachung von Autorität kann es leicht zu Exzessen und Mängeln kommen, die das Wachstum hin zu der angestrebten Freiheit blockieren können.

Ehren in verschiedenen Epochen

Ehre Vater und Mutter, aber ehrst du den Vater genauso wie die Mutter? Das wurde in den verschiedenen Epochen unterschiedlich gehandhabt. Im Verlauf der Jahrhunderte gab es Perioden des Patriarchats, in denen der Vater über allen anderen geehrt wurde und die Mutter eher am Rande stand. Aber es gab auch Zeiten und Menschengruppen, in denen das Matriarchat vorherrschte, wo die Mutter die Hauptfigur war und der Vater die Nebenrolle hatte.

Emilio Corbière schreibt dazu: »Die Welt hat das Matriarchat und das Patriarchat als Herrschaftsform erlebt. Damit stellt sich auch ein Hierarchieproblem. Ich bin der Ansicht, die Kinder sollten sich irgendwann gegen ihre Eltern erheben, solange sie sich einander gegenüber solidarisch verhalten. Das erklärt die moderne Pädagogik und Psychoanalyse. Ein Generationswechsel ist wie ein Lauf, bei dem die ältere Generation das olympische Feuer an die neue weiterreicht. Aber dem Gebot muss eine solidarische Haltung zugrunde liegen, und ich glaube nicht, dass dem so war, zumindest nicht im Bild der Epoche, in dem es geschrieben wurde, es basiert auf Autorität, denn das Gesetz Mose ist von Grund auf autoritär.«

Die Welt der Waisen

Es ist unmöglich, an die Verpflichtung zu denken, Vater und Mutter zu ehren, wenn diese Verpflichtung nicht von dem Recht begleitet wird, sie zu haben, zu wissen, wer sie sind, sie als solche zu identifizieren.

Heutzutage ermöglicht die Wissenschaft durch künstliche Befruchtung zeugungsunfähigen Paaren, Kinder zu bekommen. Aber dieses Werkzeug wird mehr und mehr pervertiert. Menschen ohne Partner, eine alleinstehende Frau, zwei Frauen oder zwei Männer können ein Kind planen, dem sie von vornherein den Vater oder die Mutter vorenthalten. Wir sehen uns mit der Vorstellung konfrontiert, die Eltern seien kulturelle Phänomene, auf die man verzichten könne. Was das angeht, habe ich eine andere Lesart dieses Gebotes: Es gibt das Recht, Vater und Mutter, eine Abstammung zu haben.

Geschichtliche Umstände können einem Vater oder Mutter nehmen, Adoptiveltern bescheren. Was man nicht machen darf, ist geplant Waisen zu zeugen. Man hat nicht das Recht, ein Wesen in die Welt zu setzen, das keinen Vater oder keine Mutter hat, als wären diese überflüssiges Beiwerk.

Ich glaube, unsere symbolische Herkunft von einer weiblichen und einer männlichen Abstammung schafft uns eine Vorstellungswelt, die zu übergehen niemand das Recht hat. Deshalb wiederhole ich es noch einmal: Es handelt sich um ein Gebot, das nach einer unverzichtbaren Ergänzung verlangt, nämlich dass die Verpflichtung, Vater und Mutter zu ehren, das Recht mit sich bringt, einen Vater und eine Mutter zu haben, die man ehren kann.

Die Jugend, ein Wert an sich

Jahrhundertelang waren die Alten die Träger einer der größten gesellschaftlichen Gewinne, der Erfahrung. Sie waren das lebende Archiv all dessen, was man in dieser und jener Situation tun konnte und sollte. In Stämmen, die nicht über die Schrift verfügten, konnte man sich bei den

Erfahrenen wertvollen Rat holen, sie hatten diese Situationen bereits durchlebt und so ging man davon aus, dass sie wussten, was zu tun und was zu vermeiden war.

Die Erfindung der Schrift gab dem Wissen, den Erinnerungen und den Legenden eine solidere Stütze als das individuelle Gedächtnis. Und die Erfahrung der Älteren, ihre Reife und ihre Gelassenheit gegenüber voreiligem Handeln und Leidenschaften ließ die Gemeinschaften weiterhin auf ihren Rat vertrauen, und so wurden sie zu Anführern.

Im Altertum war das das große Thema, unmittelbar mit der Vorstellung von Herrschaft verbunden. Die primitive Logik ging davon aus, dass die Väter der Väter der Väter noch stärker und weiser gewesen sein mussten als die aktuellen Väter; fast Verwandte und Kollegen der Götter. Was sie für gut befunden hatten, weil eine Gottheit ihnen das offenbart hatte, konnten die viel schwächeren, einfachen Menschenwesen der Gegenwart nicht anzweifeln.

In diesem Sinne, so erläutert José María Blázquez, sei es in allen Kulturen des Altertums eine Verpflichtung gewesen, Vater und Mutter zu ehren. Was der hebräische Gesetzgeber in diesem Fall tat, war dem Gesetz einen religiösen Charakter zu geben. Von diesem Moment an war es Jahwe selbst, der befahl, die Eltern zu ehren. Aber das Gebot schloss auch die Großeltern ein, die leiblichen und entfernten Onkel und Tanten etcetera. Sie zu ehren bedeutete, ihnen im Fall von Not und Krankheit beizustehen, bei ihnen zu leben, wenn sie nicht mehr allein leben konnten. Das vierte Gebot hatte immer einen sozialen und wirtschaftlichen Charakter.

Aber in der heutigen Zeit wird der Erfahrung immer weniger Bedeutung beigemessen, sie wird sogar zu einem Hindernis. In der Arbeitswelt lernt jemand, der noch die eine Maschine der neuen Generation bedient hat, schneller ein gerade erst erfundenes Gerät zu bedienen, als jemand, der die früheren Modelle kennt und länger braucht, um sich umzustellen. Außerdem ist jemand ohne Erfahrung viel leichter zu dirigieren, da er sich seiner Rechte nicht bewusst ist. Wer ein gewisses Alter erreicht hat, weiß hingegen, was ihm zusteht, und es kann zu Konflikten mit den Chefs kommen, weil er sich nicht so leicht manipulieren lässt. Folglich sind die Leute mit der längsten Berufserfahrung nicht die gesuchtesten und auch nicht die anerkanntesten.

Für den argentinischen Dichter und Priester Hugo Mujica verachtet unsere Kultur den alten Menschen, weil sie auch die Weisheit verachtet; es ist keine Kultur des Lebens, sondern des Funktionierens. Weisheit bedeutet, sich auf das Leben zu verstehen, das Funktionieren ist technisch, und was man in früheren Zeiten an den Alten schätzte, war nach der Meinung von Mujica die in ihrer Erinnerung aufbewahrte Weisheit.

Jung sein ist zu einem Wert an sich geworden. Es gibt eine Tendenz, alles, was ein paar Jahre zu viel hat, als krank abzustempeln. Wir kennen die Stärken der Jugend: Kraft, Schönheit, Beweglichkeit, Spontaneität. Reife und Alter sind keine Attribute und dieser Lebensabschnitt wird insgesamt nicht positiv gesehen.

So verlieren die älteren Menschen an Bedeutung, wie der berühmte Roman von Adolfo Bioy Casares, *Tagebuch des Schweinekriegs*, zeigt, und sie werden peu à peu abgeschoben und zerstört. Wir laufen Gefahr, uns auf eine permanente Verjugendlichung der Gesellschaft zuzubewegen.

Jedenfalls hat dieses vierte Gebot seine Grenzen. Der Rabbiner Isaac Sacca sagt: »Wenn der Gehorsam und der Respekt gegenüber den Eltern einen Schaden für mich als körperliches oder geistiges Wesen impliziert, dann bin ich nicht verpflichtet, auf meine Eltern Rücksicht zu nehmen. Man soll seine Eltern ehren, aber nicht nur für sie leben, man darf sich nicht zu ihrem Sklaven machen. Ehren, wie der Talmud sagt, bedeutet, sie im Alter zu ernähren, nicht ihren Platz im Leben einzunehmen, respektvoll mit ihnen zu sprechen, aber das heißt nicht, die vom Vater gewählte Laufbahn einzuschlagen oder die von ihnen bevorzugte Frau zu heiraten.«

Luis de Sebastián fügt hinzu, dass Eltern und Kinder die gemeinsame Verpflichtung hätten, die Familie zu erhalten. Viele Eltern seien bereit, diese Verantwortung zu übernehmen, aber sie forderten dafür ordentlich Tribut. Sie verlangten von ihren Kindern totale Unterwerfung und blinden Gehorsam. Die Eltern seien nicht die Besitzer der Kinder, und die Kinder nicht ihre Untertanen oder Knechte. Die Grundlage der Beziehung, man müsse es offensichtlich wieder in Erinnerung bringen, sei die Liebe, die gegenseitiges Verständnis, gegenseitigen Respekt, Toleranz und Anpassung hervorbringe.

Aber im Gegenzug weist de Sebastían darauf hin, dass nach der Zeit des Zusammenlebens die Zeit der Dankbarkeit und des Ausgleichs komme. Die biologischen Bestimmungen kehrten sich um. Die Kinder seien die Stärkeren und die Eltern die Schwachen.

Marcos Aguinis nimmt eine ähnliche Position ein. Er betont, dass die Eltern früher eine sehr autoritäre Haltung gehabt hätten und man davon ausging, das Kind leiste ihrem Befehl fast irrational Folge. Der Wille der Eltern war heilig, sie entschieden, wen man heiratete, es gab das Erstgeburtsrecht und eine Reihe von Unbilligkeiten, die mit dem Fortschritt der Menschheit korrigiert wurden. Aber was heutzutage den Familien Struktur gebe und Stabilität und Wohlstand sichere, ist der respektvolle Umgang miteinander und ein stetiger Gefühlsaustausch zwischen Eltern und Kindern.

Werbung, die Art die jungen Leute zu verführen

Wenn wir die Werbung von vor fünfzig Jahren mit der heutigen vergleichen, fällt sofort auf, dass die Anzeigen und Spots sich damals an Menschen mittleren oder reiferen Alters richteten.

Heute richtet sich die Werbung immer mehr an junge Leute und preist Produkte für die Jugend an: Beauty-Produkte, Kleidung, Getränke, Autos etcetera. Warum dieser Wandel? Weil jüngere Leute mehr Geld zum Ausgeben haben als andere Generationen. Sie haben eine so starke Kaufkraft, dass die Werbefachleute sich fast ausschließlich an sie richten.

Die jungen Leute sind ein offenerer, vielversprechenderer und dauerhafterer Markt, ein Markt mit mehr Zukunft und zugleich naiver. Es gibt nur wenig Werbung für ältere Leute, aber selbst wo man sie sieht, werden die Älteren künstlich auf jugendlich getrimmt. Das heißt, ein alter Mensch soll sich die meiste Zeit verkleiden und sich wie ein junger verhalten. Die Regel, die sich durchsetzt, lautet, die älteren Leute dürfen nicht ihrem Alter gemäß leben, sonst kommen sie in der Ideologie der Werbung nicht vor. Voltaire gab genau den gegenteiligen Rat. Er sagte, wenn einer nicht alle Tugenden seines Alters hat, dann hat er mit Sicherheit alle Laster. Man sollte also alle Tugenden und Fähigkeiten seines Alters haben. Voltaire wäre heute nicht sehr glücklich, wo allerorten propagiert wird, dass wir echte oder falsche junge Menschen zu sein haben, die den Orbit des Konsums und der Vergnügungssucht nie verlassen.

Es sieht so aus, als ob die Werbung die alten Menschen außen vor ließe, wenn es nicht gerade darum geht, Kontaktlinsen oder so etwas zu verkaufen. Der Publizist Marcelo Capurro glaubt, dass für die jugendliche Vorstellung der Welt, in der wir leben, in Wirklichkeit die großen Konzerne verantwortlich sind, die die Agenturen beauftragen. Außerdem spiegele sich bei uns die amerikanische Werbung wider, in der alte Menschen nicht vorkommen. Die Werbeleute zeigten jedenfalls die Stimmung in der Gesellschaft, was die Gültigkeit des vierten Gebotes angehe.

Die Gewalt entehrt Vater und Mutter gleichermaßen

Einer der schrecklichsten Aspekte der zeitgenössischen Geschichte ist die riesige Anzahl der durch Krieg, Diktaturen und Verfolgungen jedweder Art zerstörten und getrennten Familien. Wir reden davon, Vater und Mutter zu ehren, aber oft muss man sie erst mal finden, da sie ihren Kindern durch die Grausamkeit von Menschen entrissen wurden, die sich anderen Menschen gegenüber wie wilde Tiere gebärden.

Eines der eklatantesten Beispiele war in dieser Hinsicht wohl die Militärdiktatur in Argentinien von 1976 bis 1983. Das Ergebnis dieser Barbarei ist unter anderem die große Anzahl von Menschen, die heute darum kämpft, ihre Familienbande zu rekonstruieren. Eine der Gruppen ist die der Großmütter der Plaza de Mayo, die ihre Enkel finden wollen, um über sie in gewisser Weise ihre verlorenen Kinder zurückzubekommen. Den Vorsitz führt Estela de Carlotto, deren schwangere Tochter verschwand. Auch wenn sie ihren Enkel noch nicht gefunden hat, führte ihr Kampf dazu, dass mehr als sechzig Kinder von Verschwundenen in den Schoß ihrer Familien zurückfanden. So konnten sie die Familienbindung wieder aufbauen, diese gemeinsame Erinnerung, die die Diktatur zerstörte.

Die Vorsitzende der Großmütter der Plaza de Mayo sagt, der Familiensinn gründe sich »auf das Beispiel, das ich von meinen Eltern mit auf den Weg bekam und wofür ich mich jetzt erkenntlich zeigen kann. Ehre Vater und Mutter war für mich die Wiederholung der Beispiele, die man mir gegeben hat. Ich lernte Gutes zu tun, die Kinder in Freiheit zu erziehen, mich zu solidarisieren, zu verzeihen, mit anderen zusammenzuleben, wie wichtig das Verstehen und vor allem die Liebe ist.«

Eine furchtbare Erfahrung ist die der Enkel, die bei Eltern lebten, die gar nicht ihre Eltern waren, die sich ihrer bemächtigt hatten. »Ich habe den Fokus auf diese Enkel gerichtet, die wir nach und nach finden«, sagt Carlotto, »die eine falsche Familie hatten, eine Mutter und einen Vater, die nicht die eigenen waren. Diese Kinder haben sie in ihrer Aufrichtigkeit und Unschuld geehrt. Sie liebten ihre Zieheltern, weil sie glaubten, sie seien ihre Eltern. Viele Jahre später kommen sie dahinter, dass man sie belogen, getäuscht hat, dass sie geraubt wurden, und trotzdem hassen sie sie nicht, sie hegen keinen Groll, aber sie fangen an die Geschichte ihrer wahren Eltern zu begreifen, die ihr Leben für ein besseres Land gegeben haben. Sie fangen an sie zu ehren, indem sie sie suchen, obwohl sie wissen, dass sie nicht mehr da sind, weil man sie getötet hat. Aber sie versuchen zu verstehen, wie sie waren, was sie taten, was sie mochten, mit wem sie zusammenlebten. Sie versuchen auf irgendeine Weise ihre Geschichte zu finden.«

Das Widersinnige an der Vergötterung der Jugend ist, dass die hochentwickelten plutokratischen Gesellschaften immer weniger Kinder haben. Die Alterspyramide verschiebt sich. Es werden wenig Kinder geboren und das soziale Gefüge gerät ins Wanken.

Die Renten- und Sozialkassen werden von den Beiträgen der Erwerbstätigen gespeist. Daher die Notwendigkeit, dass permanent junge Leute in das Arbeitsleben eintreten. Andererseits müssen einige Tätigkeiten durch Gastarbeiter abgedeckt werden. Im Grunde präsentieren sich die ungewollten Kinder mit anderer Hautfarbe, anderen Vorstellungen. Sie kommen zu uns, um diese Bevölkerungslücken zu füllen, die wir offengelassen haben.

Eines der wichtigen Themen sozialer Verbindung ist der Umgang mit den alten Menschen in den Alten- und Pflegeheimen. Nicht alle erreichen dieses Lebensalter in demselben Zustand; Körperkraft, Verstand und Bewegungsfreiheit können eingeschränkt sein. Und so ist es manchmal unumgänglich, dass sie in einer Einrichtung untergebracht sind, in der sie gepflegt werden.

Pater Busso ist da anderer Meinung; er beklagt, der alte Mensch habe keinen Platz mehr in der Familie. Wir hätten ein perverses System geschaffen, die bezahlten Alten- und Pflegeheime. Der alte Mensch sei Teil der Familie. Der Großvater sei kein Anhängsel, er habe viel zu tun und zu sagen. Wenn man dafür zahle, dass jemand Fremdes sich um den Vater kümmere, wenn das Kind es selbst tun könne, dann sind für Pater Busso Sinn und Zweck verfehlt. Ja, das heutige Leben sei komplex, alle arbeiteten außer Haus. Aber wenn man Geld habe, um ein Heim zu bezahlen, dann könne man auch jemanden anstellen, der sich zu Hause um den alten Menschen kümmere. Bei den Armen habe der alte Mensch immer seinen Platz, meint Busso.

Das ist ein polemisches Thema, es gibt sicherlich auch andere, die wie er denken, dass es egoistisch von der jungen Generation ist, die Verwandten ins Heim abzuschieben, und dass es eine Möglichkeit für die Verwandten geben muss, sich um den alten Menschen zu kümmern. Aber die Familienstruktur hat sich sehr verändert. Früher gab es die sich aufopfernde, versklavte Frau im Haus, die als Krankenschwester diente, sich um die Kinder und die Großeltern kümmerte. Sie hatte kein autonomes Leben und war in der Arbeitswelt kaum anzutreffen. Heute haben sich all diese Umstände geändert. Frauen arbeiten, sind unabhängig und nicht mehr ständig zu Hause, um sich um die früher notwendigen häuslichen Pflegeaufgaben zu kümmern. Und so kam es zu einer Lücke, was die Versorgung der alten Menschen im Rahmen der Familie angeht.

Vater und Mutter zu ehren impliziert eine Analyse der Beziehung zwischen Eltern und Kindern. Aber es geht darüber hinaus, denn es schließt die Erziehung, die Vorbereitung des Menschen auf die Freiheit ein. Es ist ein Gebot, das zum Nachdenken über die verschiedenen Formen des Respekts gegenüber den alten Menschen anregt, aber auch über das Aufbrechen von Stereotypen und Routinen. Das vierte Gesetz Jahwes führt uns zu der Frage, wie wir die Erfahrung des Alters nutzen können, die von der kommerziellen Vergötterung der Jugend ersetzt wurde. Im Zentrum steht der Umgang mit unseren alten Menschen aus sozialem Blickwinkel, aber manchmal auch die Suche nach Möglichkeiten, die durch Gewalt, Krieg und Diktaturen zerstörten Familien wieder aufzubauen. Eine Problematik, die eher Fragen aufwirft und zur Diskussion aufruft, als dass man ihr mit schnellen Antworten und Dogmen begegnen könnte.

Die Eltern sind zwei grundlegende Elemente der individuellen Biografie. Aber über die Frage nach der Beziehung zwischen Kindern und Eltern in jeder einzelnen Familie hinaus gibt es eine weitere soziale Komponente: Wie sieht die Beziehung in unseren Gesellschaften zwischen Alt und Jung aus? Wie gehen wir mit den euphemistisch als »Senioren« bezeichneten älteren Menschen um? Was machen wir mit den Menschen, die sich nicht mehr im Produktionsprozess befinden, die Erinnerung, Tradition repräsentieren und oft ein Hemmnis für bestimmte Neuerungen sind? Was ist die Rolle der alten Menschen in der gegenwärtigen Gesellschaft? Das sind die großen Fragen, die sich aus einer aktuelleren Analyse des vierten Gebots ergeben und über die wir diskutieren müssen.

V

DU SOLLST NICHT TÖTEN

Jahwe hört sich stillschweigend die Anklagen von Herrn Savater an

Das ist das unstrittigste Gebot. Keiner, nicht einmal die Skeptiker und diejenigen, die sich nicht gern etwas vorschreiben lassen, werden dieses Verbot ablehnen: Du sollst nicht töten. Es ist notwendig, unverzichtbar, aber du musst zugeben, dass wir vor einem großen Widerspruch stehen. In der Geschichte ist mehr in deinem Namen gemordet worden als in dem der übrigen Götter ...

Schon gut, schon gut, entschuldige. Jetzt werde nicht wütend; wir wissen, dass es keine anderen Götter außer dir gibt, dass die anderen falsch sind. Aber in einem musst du zustimmen: Man hat dich als Entschuldigung benutzt, um schreckliche Kriege anzuzetteln, Plünderungen zu begehen und Millionen von Männern, Frauen und Kindern zu töten.

Erinnerst du dich an den Krieg der Albigenser? Bestimmt. In einer Stadt hatte man beschlossen, die armen Albigenser niederzumetzeln. Sie fragten den Bischof, wie man erkennen könne, wer die Ketzer sind und wer nicht, bevor man sie tötete, und da hat dein Stellvertreter auf Erden geraten, alle zu töten, denn Gott würde die seinigen schon erkennen.

Du musst zugeben, dass diese Problematik, die sich im Verlauf der Geschichte wiederholt hat, dir nicht gerade Ehre macht.

Aber es gibt noch andere Probleme. Du sagst: »Du sollst nicht töten«, aber du tötest uns alle. Du bist zweifellos der größte universelle Mörder. Klar, du wirst einwenden, dass das fünfte Gebot nur für die Menschen gilt und nicht für dich, dass du über allem stehst. Gut ... nehmen wir es mal so hin, aber es bleibt eine ganze Reihe von Fragen und Ängsten, denn du siehst ja selbst, was auf der Welt los ist. Sie ist kein Ort, wo das von dir befohlene Gebot »Du sollst nicht töten« herrscht, ganz im Gegenteil.

Du sollst nicht töten, aber wir wollen nicht übertreiben

Das Gebot lautet schlicht »Du sollst nicht töten«, und auf den ersten Blick erscheint das mehr als vernünftig. Aber in der Bibel selbst gibt es zahllose Angeklagte, die zum Tode verurteilt sind. Es gibt die Todesstrafe für die Sodomiten, die Ehebrecher oder die Feinde des auserwählten Volkes. Andere Tatbestände stiften noch mehr Verwirrung. Alle Heere haben ihren Feldkaplan, der ihre Truppen segnet, die zum Tode Verurteilten haben einen Priester an ihrer Seite, der sie bis zum Schafott begleitet.

In seinem Buch *Was wissen wir von der Bibel?* zählt Pater Ariel Álvarez die im 5. Buch Mose festgelegten Todsünden auf:

- Wenn jemand bei euch auftaucht und sagt »Lasst uns einem anderen Gott als Jahwe dienen«, ist er des Todes.
- Wenn ein Mann oder eine Frau anderen Göttern dient und sich vor ihnen oder der Sonne, dem Mond oder den

Sternen niederwirft, so sollst du sie steinigen, bis sie tot sind.

- Wenn jemand nicht befolgt, was ihm in einem Prozess befohlen wurde und zu dem er sich verpflichtet hat, indem er bei Jahwes Namen falsch schwor, ist er des Todes.
- Wenn ein Mann ein aufständisches Kind hat, das seinen Eltern nicht gehorcht, sollst du es steinigen, bis es tot ist.
- Wenn ein Mann einen anderen tötet, ist der Mörder des Todes.
- Wenn ein Mensch einen anderen beraubt, ist der Dieb des Todes.
- Wenn ein ungerechter Zeuge bei jemandem vorstellig wird und falsches Zeugnis ablegt, sollst du ihn töten.
- Wenn man einen Mann bei einer verheirateten Frau im Bett findet, sollen beide sterben.

In England versuchte man im 19. Jahrhundert die Todesstrafe am Galgen für Diebstahl abzuschaffen, zu dem schon Delikte für fünfzehn oder zwanzig Pfund zählten. Unter den Kräften, die sich dagegen auflehnten, waren drei Erzbischöfe, die im englischen Parlament vertreten waren.

Mit diesen Beispielen will ich zeigen, wie dieses uns so erhaben erscheinende »Du sollst nicht töten« nicht nur von Weltlichen, sondern auch von Geistlichen Lügen gestraft wurde.

Die Liste ist endlos; zum Beispiel töten auch Fahrer, die angetrunken ins Auto steigen und einen Unfall verursachen; ebenso Menschen, die politische Strategien absegnen, die zu Hunger und Verwahrlosung von Millionen von Menschen führen.

Luis de Sebastián spricht von direktem und indirektem Tod: »Jeden Tag sterben weltweit mehr als zehntausend Kinder an Unterernährung. Einige sagen, der Hunger tötet die Kinder. Aber wer ist für diese Tode verantwortlich? Tausende von Menschen werden jedes Jahr durch Minen verstümmelt, die auf diversen Kriegsschauplätzen gelegt wurden. Wer ist für diese Tode verantwortlich? Und wir sollten auch an die Millionen von Toten denken, zu denen es jedes Jahr wegen der schlechten Organisation der Wirtschaft, der Benachteiligung der weniger Bemittelten bei der Verteilung der materiellen Güter und mangelnder Solidarität kommt.«

Es gibt eine ganze Reihe nicht nachvollziehbarer Verhaltensweisen, die mit diesem Gebot zu tun haben, wie beispielsweise die schrecklichen Menschenversuche der Ärzte und Wissenschaftler während der Nazizeit, mit der Entschuldigung, man würde die Wissenschaft voranbringen.

Dieses Gebot kann man nicht einfach verstehen als »Du sollst jemanden nicht gewaltsam zu Tode bringen«, man müsste es weiter fassen, als ein »Du sollst nicht durch Handeln oder Unterlassen den Tod von anderen verursachen«.

Das Gebot nicht zu töten gilt in Wahrheit für die Mitglieder des eigenen Stammes. Niemand lässt das Morden unter seinen Stammesgenossen zu. Das gilt selbst für Gangsterbanden. Die Frage ist, ob man andere ermorden darf. Das Gebot wird erst dann erhaben, wenn man es auf die gesamte Menschheit anwendet und nicht nur auf das eigene Lager.

Keine Menschengruppe könnte sich halten, wenn die Gefahr bestünde, von den Nahestehenden hingemeuchelt zu werden. Der Feind kommt von außen, es ist der Fremde, der, der anders ist, nicht so wie ich. Die Fremden sind von dem Gebot ausgenommen.

Rabbi Sacca erweitert das Thema: »Die exakte Übersetzung des Gebotes lautet ›Du sollst nicht morden‹. Offensichtlich ist das Töten in der Bibel nicht ganz verboten. Man darf sich verteidigen, wenn man angegriffen wird, man darf reagieren und seinen Gegner töten, bevor man selbst von ihm getötet wird. Die Bibel sieht in einigen Fällen die Todesstrafe vor, zum Beispiel wenn jemand gemordet hat. Wenn die gesetzlichen Erfordernisse erfüllt sind, wird dem Schuldigen der Prozess gemacht und er kann und soll hingerichtet werden.

Verboten ist der Mord und jede Form, einem anderen das Leben zu nehmen, wenn es die Thora nicht vorsieht. Hier kommt die Ehrenhaftigkeit der Menschen ins Spiel. Inwieweit kann ich davon ausgehen, dass ein Mensch mich töten will? Wie weiß ich, ob der, der mir auf der Straße begegnet, eine Bedrohung für mich und meine Familie darstellt? Ich muss meinen gesunden Menschenverstand und meine Urteilsfähigkeit einsetzen, um zu bewerten, wie groß die Gefahr ist, die von meinem mutmaßlichen Feind ausgeht.«

Die, die töten, und ihre Komplizen

Die großen Massenmorde hätten niemals ausgeführt werden können, wenn die Anstifter nicht Komplizen und eifrige Freiwillige gehabt hätten, die ihnen halfen, ihre Verbrechen zu begehen. In vielen Fällen fühlen sich diese Personen nicht schuldig und führen an, sie hätten lediglich Befehlen gehorcht; die berühmte und verhängnisvolle Gehorsamspflicht, von der so oft die Rede ist.

Sie sind das Ende einer Hierarchie, der Verantwortliche ist der Kopf, der plant und entscheidet. Die Komplizen glauben, dass sie nichts Verwerfliches tun. In einem hervorragenden Buch von Hannah Arendt, *Eichmann in Jerusalem*, geht es um den Prozess gegen Adolf Eichmann. Arendt schreibt, es handelte sich um einen Bürokraten, der sich selbst für vollkommen unschuldig hielt; er glaubte, nichts anderes getan zu haben, als seine Unterschrift auf ein Papier zu setzen, und folglich habe er kein Verbrechen begangen. Trotzdem besteht kein Zweifel, dass es ohne ihn diese schrecklichen Vergehen und Morde nicht gegeben hätte.

Aber wer töten will, der findet auch immer einen Grund, angefangen von den Rechtfertigungen, die Raskolnikow in Dostojewskis *Schuld und Sühne* sucht, um die alte Wucherin umzubringen – es handele sich um ein überflüssiges und schädliches Wesen –, bis hin zu den großen heroischen Rechtfertigungen wie die Rettung des Vaterlandes, die Revolution, der Sieg des Proletariats.

Es hat nie an Argumenten gefehlt, um Morde und Verbrechen zu rechtfertigen. Da erhebt sich die inständige Bitte, die Forderung des *nunca más*, des »nie mehr«. Vielleicht ist es zu viel verlangt, dass nie mehr Verbrechen und Gewaltakte geschehen. Aber nicht, dass man nie mehr versucht, Morde und Missbräuche zu rechtfertigen, zu legitimieren und hoffähig zu machen. Nie mehr soll man darauf verfallen, den Tod zu legitimieren.

Wann beginnt der Tod?

Was ist der Tod? Wann ist man tot? Die Grenze zwischen Leben und Tod hat sich im Verlauf der Jahrhunderte allmählich verschoben. Heute erholen sich Menschen von einer Krankheit, die vor hundert oder zweihundert Jahren noch als hoffnungsloser Fall eingestuft worden wäre. Der technische Fortschritt eröffnet uns unerwartete Möglichkeiten, Herz, Hirn und letzten Endes das Leben zu reaktivieren.

Der Punkt, an dem irreversibel der Tod eintritt, ist immer schwerer zu fassen. Es geht nicht nur darum, das vegetative Leben zu verlängern, sondern um die Möglichkeit bewussten, persönlichen Lebens. Mit Sicherheit werden die kommenden Jahre uns noch mehr Möglichkeiten eröffnen, Menschen aus dem Schoß der ewigen Finsternis zurückzuholen.

Es gibt eine religiöse Rechtfertigung des »Du sollst nicht töten« durch den göttlichen Befehl. Aber denken wir an eine andere Figur Dostojewskis aus *Die Brüder Karamasow*, die sagt: »Wenn Gott nicht existiert, ist alles erlaubt.« Wir, die wir nicht religiös sind, denken anders: Auch wenn Gott nicht existiert, gibt es viele Dinge, die nicht erlaubt sein dürfen.

Was ist dann die rationale Erklärung für das fünfte Gebot? Töten bedeutet, ein im wahrsten Sinne des Wortes asoziales Prinzip in die Gemeinschaft einzuführen. Die Gesellschaft basiert auf dem gegenseitigen Vertrauen derjenigen, die sie bilden. Die Individuen müssen solidarische Partner im Leben sein und dürfen nicht zu Feinden werden, die es bedrohen und zerstören. Ein von Mördern umgebener

Mensch lebt gefährlicher als im Urwald, denn seine eigenen Artgenossen können das Verbrechen verkörpern.

Es gibt also eine religiöse Vision: »Wir sollen nicht töten, weil Gott nicht will, dass wir töten«, obwohl er – ich sagte es schon – uns alle tötet, das sollten wir nicht vergessen. Auf der anderen Seite steht das Vernunftprinzip: Wir sollen nicht töten, weil das die Gesellschaft zerstört und das Ende des unverzichtbaren Vertrauens bedeutet, das es uns Menschen ermöglicht, Seite an Seite in dem Wissen zu ruhen, dass wir uns gegenseitig den Rücken decken und nicht von den Nahestehenden bedroht sind.

> Das größte Verbrechen liegt nicht bei denen, die töten, sondern bei denen, die nicht töten, aber töten lassen.
>
> JOSÉ ORTEGA Y GASSET

Das fünfte Gebot machte das Töten zu einem skandalösen Akt, den Tod zu etwas Widernatürlichem. Trotzdem wissen wir alle, dass der Tod das Natürlichste von der Welt ist, gar nicht skandalös, absolut trivial. Derselbe Gott, der den Menschen das gegenseitige Morden verbietet, hat festgelegt, dass der Tod das universelle Gebot ist, das das Leben verlängert: Wir sterben, damit andere leben können.

Folglich ist der Tod das große Instrument, der Mechanismus, durch den sich das Leben in der Natur, im Göttlichen, in der Schöpfung oder wo auch immer verlängert. Wie kann dieses Gebot das göttlichste und natürlichste sein? Im Grunde haben wir Menschen gegen Tod und Mord gekämpft, gegen die Natur und gegen Gott selbst, der uns alle gleichermaßen tötet.

Nichts sagt aus, ob ein Territorium für das Fortbestehen einer bestimmten Menschengruppe unverzichtbar ist. Hitler war der Ansicht, der Lebensraum seines Landes erfordere die Eroberung von Polen, Österreich und ganz Europa. Wir haben in jüngerer Zeit viele andere Fälle gesehen, in denen verschiedene Nationen die Besetzung von Grenzgebieten für notwendig erachteten.

Seit dem sechzehnten Jahrhundert haben die Gelehrten des Naturrechts von gerechten und ungerechten Kriegen gesprochen. Zu ersteren zählen die, die zur Verteidigung des menschlichen Lebens geführt wurden, auch wenn sie andere Leben zerstörten.

Ich denke, man sollte das Biologische nicht verabsolutieren, sondern in Bezug setzen zur menschlichen Existenz, die Freiheit, Autonomie fordert, die Fähigkeit einzugreifen und Entscheidungen in den Angelegenheiten zu treffen, die uns unmittelbar angehen. Auf dieser Ebene bin ich sehr wohl der Ansicht, dass man auf Gewalt zurückgreifen darf, wenn diese Werte durch Tyrannei und zerstörerische Invasion bedroht sind.

Kein menschliches Blut vergießen zu wollen ist gut, aber wenn der Tyrann zur Ursache von Leiden, Verbrechen und Tod wird, dann verlangt der Respekt gegenüber dem Leben die Konfrontation auf einem Terrain, das auch biologische Leben kosten kann.

Leo Tolstoj stellt und beantwortet in *Krieg und Frieden* die Frage: »Und was ist das Wesen des Krieges? Was ist beim Kriegshandwerk zum Erfolg nötig? Wie beschaffen sind die Sitten des Militärs? Der Zweck des Krieges ist der Mord; die Mittel des Krieges sind Spionage, Verrat, Anstiftung zum Verrat, der Ruin der Einwohner, die ausgeplündert oder bestohlen werden, um die Armee zu versorgen, Betrug und Lüge, die als Kriegslist bezeichnet werden; die Sitten des Militärstandes sind: jener Mangel an persönlicher Freiheit, welcher Disziplin heißt, Müßiggang, Roheit, Grausamkeit, Unzucht, Trunksucht. Und trotzdem ist dies der höchste, allgemein geachtete Stand. Alle Herrscher mit Ausnahme des Kaisers von China tragen militärische Uniform, und demjenigen Soldaten, der die meisten Menschen getötet hat, werden die größten Belohnungen zuteil.

Da kommen sie nun zusammen, wie wir es morgen tun werden, um sich gegenseitig zu morden, und töten viele tausend Menschen und machen sie zu Krüppeln, und dann halten sie Dankgottesdienste dafür ab, dass sie so viele Menschen gemordet haben (sie pflegen die Zahl noch zu übertreiben), und verkünden ihren Sieg in der Überzeugung, dass ihr Verdienst umso größer sei, je mehr Menschen sie gemordet haben.«

> Es gibt nur einen Krieg, den der Mensch sich erlauben kann:
> den Krieg gegen seine Auslöschung.
>
> ISAAC ASIMOV

Für den Richter Baltazar Garzón gibt es eine Alternative zu Gewalt und Tod, und das ist der Internationale Strafgerichtshof. Nicht einmal das Nürnberger Tribunal sei so bedeutend gewesen. Und doch sei es augenfällig, dass

Länder, die Vorkämpfer auf dem Gebiet der Menschenrechte sind, diese Initiative nicht nur missbilligen, sondern ihre Absicht bekunden, gegen sie zu kämpfen; und es gehe dieser Instanz nicht darum, diejenigen zu verfolgen, die sich in humanitären Missionen oder für den Frieden engagieren, sondern sie vor denen zu schützen, die eine Gefahr für die festgelegte internationale Ordnung sind. Dieser Gerichtshof und seine Gesetze wenden das Gleichheitsprinzip an. Das heißt, es wird keine Rücksicht auf Immunität, Straflosigkeit oder Gehorsamspflicht genommen, die so schändliche Konsequenzen in anderen Ländern, wie zum Beispiel in Argentinien, hatten.

Die Todesstrafe

Eine der größten Verirrungen unserer Zeit ist das Festhalten an der Todesstrafe selbst in so bedeutenden und angesehenen Ländern wie den demokratischen. Keine internationale Gesetzgebung sanktioniert die Todesstrafe. Nicht einmal Völkermord wird damit bestraft. Es gibt sehr harte Strafen, lebenslängliche Haft, aber nicht den Tod.

Da stellt sich doch die Frage, wie es sein kann, dass Länder, die internationale Abkommen gegen die Todesstrafe unterzeichnen, sie auf ihrem eigenen Staatsgebiet für weit geringere Vergehen als Völkermord verhängen.

Es ist ebenso absurd, was in manchen Ländern als Vergehen gilt. So wird zum Beispiel die in westlichen Ländern akzeptierte Homosexualität in anderen Kulturen mit dem Tod bestraft. An einigen Orten der Welt werden Dinge zu

Kapitalverbrechen, die an anderen überhaupt nicht sanktioniert werden.

Baltazar Garzón sagt, die Vorstellung von der legalen Tötung sei schon immer eindeutig utilitaristisch und sektiererisch gewesen, angefangen von der katholischen Kirche bis hin zu den Tyrannen, die nach wie vor in der Weltgeschichte herumgeistern. Die Todesstrafe wurde mit einer wirtschaftlichen, strategischen, politischen und religiösen Reichweite eingeführt, die nach Belieben abgeschafft oder angewandt wurde. Analysierte man all diese Elemente, käme man unvermeidlich zu der Überzeugung, dass der Respekt gegenüber dem Leben die Abschaffung von jedweder Form der Todesstrafe mit sich bringt.

Das irrationale Festhalten an der Todesstrafe hat mit dem Wunsch nach Rache und Androhung kollektiver Grausamkeit zu tun. Ich glaube nicht, dass solch ein Vorgehen die Bewohner irgendeines Landes, in dem diese Verirrung fortbesteht, besser macht oder erzieht.

Ein Folterer kauft sich nicht durch Selbstmord frei,
aber es ist immerhin etwas.
MARIO BENEDETTI

Du sollst nicht foltern, es sei denn, es ist notwendig

Eine andere grausame Tatsache, die sich durch die Jahrhunderte zieht, ist die Folter, die Anwendung physischer Gewalt, um Informationen zu erhalten oder die politischen Gegner zu demütigen und zu vernichten.

Erstaunlich ist, dass eines der grundlegenden Elemente göttlicher Gerechtigkeit die Qualen und Strafen der Hölle sind, von denen man uns so häufig erzählt hat.

Heute würde niemand die Folter rechtfertigen, aber manch einer sagt, man müsse auch an Folter denken, wenn man auf diesem Wege lebenswichtige Informationen erhält. Wenn, um ein beliebtes Fallbeispiel von Ethikprofessoren aufzugreifen, jemand in einer von vierzig Schulen einer Stadt eine Bombe platziert hat, diese in einer Dreiviertelstunde hochgeht und der Täter sich weigert, Angaben zu machen, ist es dann statthaft oder nicht, diese Person zu foltern, damit sie aussagt und der Tod von Unschuldigen vermieden wird?

Solch willkürliche Spekulationen, die komplex und verworren sind, führen zu folgender Einschätzung: Wenn man foltern darf, um an Informationen zu gelangen, ist am Ende jede Information interessant. Es genügt allein der Beschluss, sie haben zu wollen, und davon ausgehend legitimiert man die Folter.

Ich akzeptiere, dass ein Vater oder ein Polizist in einem hypothetischen Fall wie dem mit den vierzig Schulen und der Bombe den Verbrecher packt und ihm die Ohren verdreht, bis er sagt, wo die Bombe ist. Aber nachdem er die Kinder gerettet hat, muss er hinnehmen, dass er für sein Verhalten bestraft wird. Ich akzeptiere hingegen nicht, dass ein Gesetz geschaffen wird, nach dem einzelne Leute entscheiden, wann eine Information interessant ist, um sie dann durch körperliche Qualen aus dem potenziellen Informanten herauszuholen.

Bei der Folter ist ein Mensch einem anderen ausgeliefert,

er wird zu einem Lumpen, den man auswringen und zerstören kann. Es ist der Höchstgrad an Gräuel, an Zerstörung der Würde, und das darf man nicht im Gesetz verankern. Wenn man in einem bestimmten Moment jemanden foltern muss, um an Daten heranzukommen, muss derjenige, der das tut, die Konsequenzen tragen, anstatt nach einem Gesetz zu verlangen, das sein Handeln rechtfertigt.

»Die Folter ist eine Art Tod«, sagt Garzón, »ein autorisiertes Blutbad, ich nenne es so, weil ich an die Verbrechen denke, bei denen Leute gefoltert wurden und verschwanden. Das Erniedrigende besteht darin, den Menschen an die Grenze des Todes zu bringen. Das geht so weit, dass die meisten Gefolterten, deren Zeugenaussagen ich bei den Anhörungen zu Verbrechen gegen die Menschlichkeit gehört habe, sich irgendwann während ihrer Gefangenschaft oder beinahe jeden Tag den Tod gewünscht haben. Wenn sie durchgehalten haben, dann aus Überlebenswillen, aber de facto ist für den Häscher der Tod eingetreten. Die Erniedrigung der Person und ihrer Würde ist so groß, dass sie dem Tod gleichkommt.«

Es gibt beeindruckende Beispiele herausragender Persönlichkeiten, die in Konzentrationslagern waren, zum Beispiel während der Nazizeit oder in der Sowjetunion. Viele von ihnen haben sich nach ihrer Befreiung umgebracht. Vielleicht kamen sie zu dem Schluss, dass sie tot waren, dass sie in Wirklichkeit das Konzentrationslager nicht überlebt hatten, weil sie ihr Leben dort gelassen hatten.

Der Psychologe Bruno Bettelheim schreibt in seinem Buch *Erziehung zum Überleben* Folgendes: »Das Überleben scheint auch ein verschwommenes, aber ganz spezielles Verantwortungsgefühl hervorzurufen. Es beruht darauf, dass das, was eigentlich das Geburtsrecht des Menschen sein sollte – sein Leben in relativem Frieden und Sicherheit zu verbringen, nicht willkürlich ermordet zu werden vom Staat, dem doch die Pflicht obliegt, das Leben der Bürger zu schützen –, als unverdienter, unerklärlicher Glücksfall erlebt wird. Es war ein Wunder, dass der Überlebende gerettet wurde, wenn Millionen Mitmenschen untergingen, und so hat es den Anschein, als sei dies zu irgendeinem unergründlichen Zweck geschehen.

Die Stimme der Vernunft will die Frage ›Warum wurde ich gerettet?‹ mit der Auskunft ›Es war reines Glück, purer Zufall, sonst nichts‹ beantworten, während die Stimme des Gewissens entgegnet: ›Stimmt, aber der Grund dafür, dass du die Chance des Überlebens erhieltest, liegt darin, dass irgendein anderer Häftling an deiner statt starb.‹ Und dahinter taucht gelegentlich flüsternd eine noch strengere, kritische Anklage auf: ›Einige starben, weil du sie aus einer einfacheren Arbeitsstelle hinausgedrängt hast, andere, weil du ihnen nicht geholfen hast, zum Beispiel mit Lebensmitteln, die du dir vielleicht hättest am Munde absparen können.‹ Und dann erhebt sich stets die letzte Anklage, auf die es keine annehmbare Erwiderung gibt: ›Du warst froh, dass ein anderer gestorben ist und nicht du.‹«

Abtreibung, Selbstmord und Euthanasie

Das fünfte Gebot bezieht sich eindeutig darauf, keine Menschen zu töten. Da stellt sich die Frage, ob ein Fötus nun ein Mensch oder ein Zellhaufen ist, der sich zu einem

Menschen entwickeln kann. Könnte er zwei oder drei Wochen nach der Empfängnis unabhängig von der Mutter leben? Natürlich ist ein Zellhaufen, der sich zu einem Menschen entwickeln kann, kein Mensch, genauso wenig wie eine Kastanie ein Kastanienbaum ist, auch wenn aus ihr einer werden kann. Die Frage ist: Wo soll man die Trennlinie ansetzen? Wann vollzieht sich der Übergang vom Embryo zum fertigen Wesen? Das Thema bot Zündstoff für viele Diskussionen, und der Umgang damit hat sich im Laufe der Jahre gewandelt. Wir sollten nicht vergessen, dass in der Vergangenheit die Kindstötung viel verbreiteter war. Die unerwünschten Mädchen wurden getötet, genau wie die Jungen, die mit Gebrechen auf die Welt kamen.

Heute gibt es anstelle der Kindstötung die Polemik über die Abtreibung. Natürlich ist Abtreiben kein unwichtiges Thema. Keine Frau wird das aus Spaß tun oder aus einer Laune heraus. Es handelt sich um ein rechtliches, aber auch um ein moralisches Problem, mit dem man sich auseinandersetzen muss. Es gibt unterschiedliche Positionen, weltliche und religiöse, aber auch unter letzteren gibt es Unterschiede im Umgang mit dem Thema.

Im Judentum ist die Abtreibung generell verboten, aber es gibt die Möglichkeit einer Abtreibung aus medizinischen Gründen, wenn das ungeborene Kind und das Leben der Mutter in Gefahr sind. »Wir sind der Ansicht, das Leben der Mutter hat Vorrang vor dem Leben des Fötus«, sagt der Rabbiner Sacca, »denn es handelt sich nicht um ein vollständiges, sondern um ein relatives Lebewesen. Nach dem Gesetz wird der, der einen Menschen umbringt, bestraft, nicht aber wer eine Abtreibung durchführt, auch wenn sie verboten ist. Denn er hat keinen vollständig lebenden Menschen getötet, das wird der Fötus erst bei seiner Geburt, sondern etwas, das sich im Lebensprozess befindet; natürlich darf man dieses im Lebensprozess befindliche Wesen nicht töten, es sei denn, es gefährdet das Leben eines vollständigen Menschen. Hierbei handelt es sich um eine Abtreibung aufgrund medizinischer Indikation.«

Der Katholizismus verurteilt die Abtreibung ganz besonders und bestraft sie mit der Exkommunizierung *ipso facto*. Pater Busso erklärt die Position der Kirche mit folgenden Worten: »Die Person, die eine Abtreibung durchführt, und diejenigen, die durch ihre Hilfe daran mitwirken, fallen unter diese Strafe, sofern der Einzelne davon Kenntnis hatte, denn es handelt sich um eine der schwerwiegendsten Tötungsformen. Für uns beginnt das Leben mit der Empfängnis, und es endet mit dem natürlichen Tod. Die Empfängnis ist in dem Moment gegeben, in dem männliche und weibliche Zelle verschmelzen. Das wurde nicht immer so gesehen; früher dachte man, die Seele entstünde erst im dritten Monat und dass ab diesem Zeitpunkt die Abtreibung einer Tötung gleichkommt. Viele Gesetzgebungen sprechen vom ungeborenen Leben als von einer Person.«

Wenn man vom Verbot des Tötens spricht, scheint es erst einmal darum zu gehen, keinen anderen umzubringen. Aber was ist mit den Selbstmördern? Hier gibt es eine Komplizenschaft zwischen Täter und Opfer, sie sind ein und dieselbe Person. Wir könnten sagen, es ist das einzige wirklich perfekte Verbrechen; der Mörder – der sich selbst Tötende – kann nie bestraft werden. Er entkommt definitiv dem Gericht, zumindest dem irdischen.

Wenn wir der Ansicht sind, das menschliche Leben liegt in Gottes Hand und ist Gottes Besitz und wir haben nur ein Nießbrauchsrecht oder leben zur Miete, dann haben wir kein Recht, es uns zu nehmen. Etwas anderes ist es, wenn wir das Leben für ein Gut halten, dem wir einen Rang geben müssen: hoch, niedrig, ohne jedes Interesse.

Der Selbstmörder tut nichts anderes, als auf ein Gut zu verzichten, das keines mehr ist. Vielleicht kann man sich sogar aus Liebe zum Leben umbringen. Man hat das Leben und all die guten Dinge darin so geliebt, dass es einem nicht gelingt, sich mit dem Verlust alles Schätzenswerten abzufinden.

Für die Juden war der Selbstmord so strafbar wie der Mord. Sacca sagt, wenn ein Mensch deprimiert sei und schwach werde, müsse er die Kraft finden, dieses Problem zu überwinden, und dürfe nicht etwa seinem Leben ein Ende setzen; denn wenn Gott uns ermahne, das nicht zu tun, dann weil wir die Kraft hätten, es zu schaffen.

Es gab große Lehrmeister der Moral wie zum Beispiel Seneca, die die Zulässigkeit des Selbstmords verteidigt haben. Andere halten ihn für einen Angriff auf die Rechte Gottes, und in einigen Gesetzbüchern ist er sogar ein Delikt.

Das Thema führt uns auch zu Fragen wie der Euthanasie, der Tötung von Kranken im Endstadium, die nicht mehr leben wollen; eine komplexe Problematik angesichts der moralischen und rechtlichen Entscheidung vor dem Hintergrund dieses Gebotes. Wann hat ein Patient das Recht auf das Ende seines Leidens, auf den Verzicht der künstlichen Verlängerung seines Lebens? Wenn ein Arzt einen Patienten nicht heilen und nicht einmal seine

Schmerzen ausreichend lindern kann, welches Recht hat er, ihn am Leben zu erhalten? Es gibt in der Gesellschaft den Konsens, therapeutische Grausamkeit zu vermeiden. Das heißt, es sollen keine maßlosen, unmenschlichen Anstrengungen unternommen werden, um ein Leben, wenn auch nur vegetativ, um jeden Preis gegen allen Willen und jede Hoffnung zu erhalten.

Garzón führt an, dass hier das Prinzip des Lebens als unveräußerliches Gut und der Raum an Freiheit und Autonomie des Einzelnen in Konflikt treten. »Wenn wir beides zusammenbringen, hat es meiner Meinung nach keinen Sinn, das Leben zu erhalten, wenn es in Wirklichkeit nicht mehr existiert. In diesen Fällen müssen Freiheit und Autonomie der Person Vorrang haben. Das Einzige, was wir sonst erreichen, ist nicht das Lob Gottes oder die Rechtfertigung einer winzigen ethischen Komponente, sondern eine Form legaler Folter.«

Es ist jedoch eine Sache, das Leben aktiv zu verlängern, und eine ganz andere, es ebenfalls aktiv zu beenden. Es ist nicht dasselbe, ob man einen Kranken an die Geräte angeschlossen hält, die er zum Überleben braucht, oder ob man ihm eine Spritze gibt oder irgendetwas anderes tut, was seinem Leben ein Ende setzt.

Pater Busso spricht vom Sterbenlassen, von einer passiven Sterbehilfe, denn es komme der Moment, in dem die Kräfte der Natur und die wissenschaftliche Erkenntnis machtlos seien. Ein Mensch könne in bestimmten Fällen über sein Leben entscheiden. Was er nicht darf, ist sich selbst töten, aber er kann in einem bestimmten Moment sagen »Lasst mich sterben«, das ist vollkommen zulässig.

Andererseits hat der Arzt nicht die Pflicht, ihn endlos am Leben zu erhalten; er hat die Pflicht, ihn zu heilen, aber in einem bestimmten Moment muss er resignieren und anerkennen »man kann nichts mehr tun«, denn wenn alle Möglichkeiten ausgeschöpft sind, kann jedes weitere therapeutische Eingreifen zu einem Akt der Grausamkeit werden. Ein Wert, dem der vorrangige, aber nicht absolute Wert des eigenen Lebens untergeordnet wird, ist nach Busso das Motiv der Nächstenliebe wie im Fall des Märtyrertodes oder der Unterstützung eines Mitmenschen. »Dasselbe Gesetz, das es erlaubt, in diesem Sinn über sein Leben zu verfügen, verbietet es, dies aus irgendeinem Grunde über ein anderes zu tun.«

Die Grenze ist schwer zu ziehen, denn auch die Unterlassung einer Behandlung kann zum Tode führen. Aus diesem Grund erscheint mir die so genannte Patientenverfügung legitim. Hierbei handelt es sich um ein Dokument, das der Einzelne im vollen Besitz seiner körperlichen und geistigen Kräfte unterschreibt und in dem er den Wunsch äußert, dass im Falle einer ausgeschlossenen Heilung keine lebensverlängernden Maßnahmen ergriffen werden. All diese Fragen im Zusammenhang mit Leben und Tod können jedoch nicht durch ein Gesetz gelöst und sanktioniert werden, sie erfordern eine tiefgreifende Debatte.

Auch für die jüdische Religion gibt es eine klare Unterscheidung zwischen aktiver und passiver Sterbehilfe. Rabbi Sacca sagt, dass wir eine kranke Person, die leidet und um ihren Tod bittet, nicht töten dürfen. Aktive Sterbehilfe ist im Judentum verboten, sie gilt als Mord. Passive Sterbehilfe ist das Aussetzen der Behandlung des Patienten, damit er eines natürlichen Todes stirbt. Es ist verboten, auf medizinischem Weg das Leben Todkranker, die sehr leiden, aufrechtzuerhalten. Wir dürfen ihre Schmerzen nicht verlängern. Uns ist verboten, das Leben aktiv zu verkürzen, aber auch, unnötige Schmerzen zu verursachen.

Gegenwärtig sind es totalitäre Regime und der Terrorismus, die systematisch das fünfte Gebot ignorieren. Estela de Carlotto äußert sich wie folgt dazu: »In Argentinien sind durch die Militärdiktatur schreckliche Gesetzesbrüche begangen worden. Wir sprechen von dreißigtausend Verschwundenen. Wir gebrauchen dieses Wort, weil sie nicht wieder aufgetaucht sind, aber nach all den Jahren und nach eigenem Geständnis der Mörder sprechen wir eigentlich von Toten. Diese falschen Christen, die sich bekreuzigen und jeden Tag zur Kommunion gehen, haben nach einem Plan ideologischer und konkreter Auslöschung zu den Waffen gegriffen. Es fällt schwer zu glauben, dass Menschen so etwas getan haben und sich weigern, für ihre Taten um Verzeihung zu bitten.«

Was den Terrorismus angeht, ist Garzón der Ansicht, trotz der Unterschiede zwischen den einzelnen Terrororganisationen sei der Tod bei allen ein Teil ihrer Strategie. Der Tod ist ein Instrument unter vielen und manchmal nicht einmal das wichtigste, auch wenn der Verlust des Lebens für den Betroffenen zweifellos am furchtbarsten ist. Dem Terrorismus begegnet man vielerorten jedoch mit Nachsicht, Passivität. Es gibt sogar Positionen, die diese Art von Gewaltlösung unterstützen und somit mehr im ethischen als im juristischen Sinn das fünfte Gebot übertreten, so Garzón.

Das fünfte Gebot – »Du sollst nicht töten« – ist ein Gesetz der Extreme, denn es deckt die Spitzen ab, das Ende des Lebens. Auf der einen Seite muss man fragen, wo der Tod anfängt. Was löst ihn aus? Wann können wir das Ende einer Person als irreversibel betrachten? Und auf der anderen Seite die folgenden Fragen: Wo beginnt das Leben? Wann tritt die Geburt ein? Und wann wird ein Zellhaufen, ein Embryo, wirklich zu einer Person?

Es ist das Kerngebot und stellt das Wesentliche unserer menschlichen Natur immer wieder in Frage.

Betrifft das Gebot, nicht zu töten, die Auslöschung eines Wesens, das als Person am Anfang des Lebensprozesses steht? Oder erlaubt es selbiges in irgendeiner Form am Ende des Lebensweges? Das »Du sollst nicht töten« wiegt schwer, wie der eigene Tod, und ist unser ganzes Leben über gegenwärtig. Es bringt uns dazu, uns nach unserem Ursprung und unserem Ende zu fragen, nach unseren Verpflichtungen uns selbst gegenüber, nach unserer Existenz und nach der Erhaltung unseres Lebens.

VI

DU SOLLST NICHT EHEBRECHEN

Jahwe und Savater führen ein Gespräch über Sex

Ich weiß schon, was du mir antworten wirst, aber ich muss dich trotzdem fragen: Glaubst du nicht, dass das mit dem »Du sollst nicht ehebrechen« etwas antiquiert ist? Ich bin sicher, dass das zu Zeiten vernünftig war, in denen das Familienoberhaupt sicher sein musste, das Erbe an seine ehelichen Kinder weiterzugeben, als der Mann Herr über die Frau war. Heute haben sich die Sitten gelockert, und das Thema Sex ist nicht länger ausschließlich eine Sache zwischen Männern und Frauen; alles hat sich verändert; Beziehungen vor der Ehe, nach der Ehe, wilde Ehen und homosexuelle Beziehungen sind erlaubt ...

Das mit dem Sex ist eine komplexe Angelegenheit ... und natürlich wirst du mir nun sagen, Sex mit Liebe ist viel besser als alles andere ... Ich gebe dir recht. Es gibt jedoch einen Kommentar von Woody Allen, der dich interessieren wird: »Sex mit Liebe ist das Beste von allem, aber Sex ohne Liebe kommt gleich danach.« Und die Mehrzahl der Menschen denkt heute so. Sex mit Liebe ist toll, aber bis dieser Moment kommt, kann man auch Sex ohne Liebe praktizieren. Vielleicht empört dich das, aber es ist eine weitverbreitete Ansicht und ein Diskussionsthema mit zahlreichen Facetten. Deshalb glaube ich, dass es dir gut täte, dieses Kapitel zu lesen, es wird dir helfen, dich in diesen sehr anregenden Fragen auf den neuesten Stand zu bringen.

Ehebruch und Übertragung von Eigentum

Anfangs hatte das Verbot, die Frau des Nächsten zu begehren oder sich ihrer zu bemächtigen, viel mit dem Erbe und der Übertragung von Eigentum zu tun. Ich glaube nicht, dass Ehebrüche sehr verfolgt wurden, und auch nicht, dass sie unter den Armen, die ihren Kindern nichts zu hinterlassen hatten, eine Rolle spielten. Bei den Reichen, die Einfluss hatten, war das anders. Sie brauchten eine klare Abstammungslinie, um ihre Güter zu übertragen.

> Es gibt so ungerechte Ehemänner, dass sie von ihren Frauen eine Treue fordern, die sie selbst brechen, sie ähneln Generälen, die feige vor dem Feind fliehen, aber von ihren Soldaten verlangen, tapfer die Stellung zu halten.
>
> PLUTARCH

Wer über Ländereien, Burgen und andere Besitzungen verfügte, wollte sicherstellen, dass alles Eigentum später an den ältesten leiblichen Sohn ging und nicht an einen im Ehebruch gezeugten. Daher das große Bemühen, die Frau unter Verschluss zu halten, damit der Mann sagen konnte: »Aus diesem Glas trinke nur ich, denn daraus geht der Nachfolger hervor, der meinen Besitz erben wird.« Das war sehr einseitig, denn der Mann amüsierte sich außerhalb der Ehe mit so vielen Frauen, wie er wollte.

Die Monogamie war natürlich nicht die einzige Form der Familienstruktur. Unter den frühen Hebräern und anderen Nomadenvölkern war es für den Stammeschef Usus, mehrere Frauen zu haben; er war eine Art Patriarch. Mit der Zeit und dem aufkommenden Gleichgewicht bei der Anzahl von Männern und Frauen tendierte man zur Monogamie.

Die Sexualmoral war an diese Struktur der Familie und des Eigentums gebunden, und zwar so sehr, dass unter den Römern beispielsweise nur dem *pater familias* oder den Matronen sexuelle Tabus auferlegt waren, also denjenigen, die Besitz hatten, während es unter den Sklaven keinerlei Sexualmoral gab. Niemand machte ihnen Vorwürfe, wenn sie in Promiskuität lebten oder Inzest trieben.

Wenn Sklaven von ihren Herren freigelassen wurden, hießen sie fortan *liberti*. Traten sie in die Welt der freien Menschen ein, so behielten sie die Sitten der Sklaven bei, freizügigere, von weniger Bedenken bestimmte Verhaltensweisen als in den etablierten Familien. Daher kommt der Ausdruck Libertinage; diese Freigelassenen waren zwar keine Sklaven mehr und ihr Verhalten mochte tadelnswert sein, aber sie hatten noch nicht die Disziplin und Zurückhaltung des anderen Teils der Gesellschaft. Das Gebot, keine Hurerei zu treiben, hatte somit eine tiefe wirtschaftliche Grundlage, und erst in zweiter Linie stand es in Verbindung mit dem romantischen und erotischen Begehren. Auf diese Weise versuchte man Konflikte und Auseinandersetzungen unter Erben zu vermeiden.

Rabbi Sacca zufolge war es ein für das Volk schwer zu akzeptierendes Gebot. Nach seiner Aussage gab es keine Gesetze, die das Zusammenleben regelten. Maimónides habe berichtet, dass die Männer sich die Frauen früher mit Gewalt nahmen, Kinder mit ihnen zeugten und sie dann mit ihren Nachkommen auf der Straße sitzen ließen. Es gab keine

Regelungen bezüglich Familie und Ehe. Die Frauen waren vollkommen schutzlos, die Stärksten regierten die Gesellschaft. Auf der anderen Seite gab es eine große sexuelle Freizügigkeit, die das hebräische Volk genauso praktizierte wie alle anderen der damaligen Zeit. Wenn wir heute sagen, wir leben in einer Zeit sexueller Freiheit, dann ist das nichts im Vergleich zu dem, was sich bei den Ägyptern abspielte. Die Juden waren Teil dieser Gesellschaft, wenn auch nur als Sklaven, und so waren Einführung und Durchsetzung dieses Gebotes schwierig, denn es bedeutete, sich im Bereich der Sinnenlust zurückzunehmen und die Rechte aufgeben zu müssen, die ausschließlich auf Kraft und Stärke zurückgingen. Das Gesetz war laut Sacca revolutionär für die damalige Zeit, denn es beinhaltete alle Regelungen bezüglich Paar, Ehe, der Rechte des Mannes, der Frau, der Kinder und der Verantwortungen, die man auf sich zu nehmen hatte.

In unserer Zeit haben sich – zumindest in den wirtschaftlich entwickelten Ländern – die Verhaltensweisen angeglichen, und es gibt keine verschiedenen Wertmaßstäbe mehr für Mann und Frau. Das Paar kann in gegenseitigem Einverständnis die Untreue zelebrieren. Ein Beispiel dafür sind die Swinger, die man bis vor ein paar Jahren noch als schreckliche Verirrung abtun konnte, die heutzutage aber nur noch eine Variante der Sexualpraktiken unserer Gesellschaft darstellen.

Für Daniel Bracamonte, den Präsidenten der Vereinigung der Swinger in Argentinien, sind alle Religionen kastrierend, da sie uns die Entfernung von der Fleischeslust auferlegt und die Vorstellung verbreitet haben, dass man Sex nur voll genießen könne, wenn romantische Liebe dahinterstehe. Diese Dinge gingen gegen unsere Natur, denn der Mensch tendiere biologisch zu sexueller Diversität. Er sei weder körperlich noch in seinem Bewusstsein für die Monogamie geschaffen.

Nach Bracamonte befinden wir uns an der Schwelle zu einem grundlegenden Wandel in der Auffassung von Familie. Wir bewegen uns auf die Diversität zu. Die neuen Paare sind nicht durch das Geschlecht bestimmt, sondern durch die gefühlsmäßige Bindung. Mann mit Frau, Mann mit Mann, Frau mit Frau. Der Swinger verteidigt die Familie als Institution, die Mann-Frau-Beziehung, aber er lehnt die Monogamie ab, das »du und ich für ein ganzes Leben«.

Das Thema Sex ist immer Anlass für einen schalkhaften Ton voller Anspielungen. Das meint auch der Schriftsteller Daniel Samper Pisano: »Wenn man das Alte Testament durchblättert und sich die Stellen anschaut, in denen es um die Versuchung geht, muss man hin und wieder schallend lachen und stellt einen beeindruckenden Sinn für Humor fest, anders ist es nicht zu verstehen. Man kann es auch ironisch lesen und sagen: ›Die Nachricht kommt auf Umwegen, über zwei Kanäle, und nicht direkt.‹ Ironie funktioniert nur, wenn Humor da ist, und der Humor funktioniert nur, wenn man eine Nachricht auf derselben Wellenlänge sendet.«

Sexuelles Begehren und keine Hurerei treiben

Das sexuelle Begehren hat wegen seiner Stärke und seiner Fähigkeit mitzureißen immer Restriktionen und Ängste hervorgerufen. Hätte man ihm keine Grenzen gesteckt, wären weder Arbeitszeiten noch soziale Bindungen respektiert worden. Es handelt sich um eine sehr starke Energie, die man in feste Bahnen lenken muss, um sie im Griff zu haben. Die verschiedenen Kulturen haben versucht, das Begehren einzudämmen, damit es nicht alle Möglichkeiten eines organisierten Lebens verschlingt.

»Huren« bedeutet, sich dem sexuellen Begehren außerhalb der gesellschaftlich festgelegten Bahnen und Normen hinzugeben. Es handelt sich um denselben Akt, jedoch jenseits des Momentes, der Person, des Ortes und der Ordnung, die die Gesellschaft für den Akt vorgeschrieben hat.

Für mich bleibt die spanische Bezeichnung *fornicar* für immer ein sonderbarer, viele Bilder weckender Ausdruck. Ich erinnere mich an eines der Seminare des berühmten französischen Psychoanalytikers Jacques Lacan, das den Titel *ornicar* trug, drei zu einem Wort zusammengeschmolzene französische Silben, die unvermeidlich nach *fornicar* klangen, und ich denke, dieses Spiel war von Lacan nicht ganz unbeabsichtigt.

Pater Busso erinnert sich, dass die Kinder im Religionsunterricht nicht wussten, was es mit dem »keine Hurerei treiben« auf sich hatte, und man es peinlich berührt erklären musste. Der Ausdruck »fornicar« komme vom griechischen *porneia*, Prostitution. Per Gesetz verboten war die Liebesverbindung des Mannes mit der im Wortsinne käuflichen Frau. Jesus erweitert das Thema, als er sagte, man könne auch mit dem Herzen Ehebruch begehen; so seien der Gedanke, das Innere, der Wunsch eingeschlossen.

Alle Gebote, die etwas untersagen – und das gilt insbesondere für das sechste Gebot –, stacheln den Wunsch der

Übertretung an. Aus diesem Blickwinkel könnte man darüber nachdenken, inwieweit Jahwe selbst mit seinen Tabus der Erfinder der Pornografie war, denn hätte es keine Verbote gegeben, gäbe es auch keine Pornografie.

Samper Pisano meint Folgendes dazu: »Es gibt kein Gebot, in dem es heißt ›Du sollst das Hemd deines Nächsten nicht bügeln‹. Gäbe es dieses Verbot, wären wir versucht, ständig zu bügeln. Aber man muss verstehen, warum Gott diese Spiele erfand. Ich vermute, das hat ihm damals viel Spaß gemacht.«

Ich muss immer an die Verbote im Garten Eden denken. Jahwe hatte verboten, den Apfel zu essen, und da trat die Schlange auf den Plan. Hätte er verboten, die Schlange zu essen, hätte Adam sie noch am selben Abend verspeist und die menschliche Spezies wäre von der stetigen Versuchung durch den Teufel gerettet gewesen. Eins ist klar: Hätte Gott uns vor der Versuchung retten wollen, hätte er uns die Schlange verboten. Er sagte »nein« zum Apfel, um der Schlange den Ball zuzuspielen, damit sie für immer gegenwärtig ist.

Verantwortung beim Ehebruch

Die verschiedenen Grade an Verantwortung in Bezug auf die Hurerei und unzüchtige Handlungen wurden über die Jahrhunderte hinweg ganz unterschiedlich betrachtet. Lange Zeit in der frühen Geschichte des Judentums war der einzige verwerfliche Ehebruch der zwischen zwei verheirateten Personen, die sich außerhalb ihrer jeweiligen

Ehen trafen. Die Unverheirateten hingegen wurden nicht in diesem Maße verantwortlich gemacht.

Später, mit dem Durchbruch des Katholizismus und insbesondere ab dem Tridentinischen Konzil, wurde das Thema der Verantwortlichkeiten geändert und erweitert. Wie sieht es heute beispielsweise mit der Verantwortung einer Prostituierten und ihrem Freier aus? Die Frau erfüllt ihre Funktion – aus wirtschaftlichen oder kulturellen Gründen –, aber der Antrieb ist nicht derselbe wie der desjenigen, der, von Lust, Laune oder Laster getrieben, zu ihr geht.

Heutzutage kann niemand für freiwillig gewählte Praktiken zwischen Erwachsenen im vollen Besitz ihrer geistigen Kräfte strafrechtlich oder ethisch zur Verantwortung gezogen werden. Die Verletzung beginnt in dem Moment, wo jemand gewaltsam zu etwas gezwungen wird. In dieser Hinsicht sind die Gesetze permissiver geworden. Noch in meiner Jugend war Ehebruch ein Straftatbestand, der dich ins Gefängnis bringen konnte. Heute erscheint uns das haarsträubend, aber es gibt Länder, in denen das Vergehen immer noch durch Steinigung geahndet wird.

Es gibt verschiedene Ansichten zum Ehebruch. Die Perspektive eines Swingers verdeutlicht Daniel Bracamonte so: »Meine Frau würde mir untreu sein, wenn sie hinter meinem Rücken eine sexuelle Beziehung zu einem anderen Mann hätte. Das wäre eine Lüge innerhalb der Ehe, obwohl es keinen Grund gibt zu lügen. Bei der sexuellen Freiheit, die wir Swinger uns zugestehen, könnte ich die Tatsache, dass sie mir etwas verschweigt, nur so deuten, dass es sich um etwas handelt, das mit romantischer Liebe zu tun hat und nicht allein mit Sex.«

Im Judentum, erläutert Rabbi Sacca, wird die Fleischeslust im Mann über das Sehen geweckt. Bei der Frau über die Berührung. Aus diesem Grund sei es einer Frau nicht verboten, einen Mann anzusehen und seine körperliche Attraktivität zu rühmen. Aber wenn der Mann eine Frau ansehe, wecke das in ihm die Fleischeslust, und das könne ihn dazu bringen, Ehebruch zu begehen.

Was die Bibel und die Übertretung des sechsten Gebotes angeht, bemerkt Samper Pisano spitz, dass es sich um eine Zarzuela handele, es fehle nur die Musik. »In der Bibel begehen sehr auserlesene Gestalten mit hohem Symbolwert Ehebruch. Nehmen wir den Fall von Abrahams Familie, ein hohes Tier, ein großer Patriarch und Volksführer. Abraham war mit Sara verheiratet, die sich als zu alt empfand, um ihrem Mann ein Kind zu schenken, und da sagte sie zu ihm: ›Ich hab eine Sklavin, die dir gefällt ... ich habe gesehen, wie du sie ansiehst, warum treibst du es nicht mit ihr?‹ Abraham tat es, Ismael wurde geboren, und alle waren zufrieden.«

Ein Aspekt bei den Christen, der bei den Römern am meisten Anstoß erregte, war die Vorstellung, dass ihrer Meinung nach die traditionelle Familie angegriffen wurde. Die ersten Christen schätzten Ehe und Kinder nicht. Ihre Prämisse lautete, dass alle Menschen Brüder sind. Sie traten für die Idee ein, die Familie zu verlassen: »Verlasse deine Eltern und deine Brüder und komm mit mir«, sagt Christus bei einer Gelegenheit. In den Augen der Römer predigten sie eine Art Wander-, Bohèmeleben ohne familiäre Bindungen, Kinder oder Verantwortlichkeiten. Die ersten Christen lebten sogar in einer Art Gütergemeinschaft, sie kannten die Familie als individuelle Zelle der Gesellschaft nicht. Das erregte bei den Römern Anstoß.

Die Ansichten der Christen liefen dem Kanon der damaligen Zeit zuwider, was die körperlichen Obliegenheiten und die Schaffung einer familiären Ordnung betraf, und so hielten die Römer sie für sittenverderbend.

No quiso la lengua que de casado a cansado hubiese
más que una letra de diferencia.

(Die Sprache wollte nicht, dass »verheiratet« und »müde«
mehr als ein Buchstabe trennt.)

LOPE DE VEGA

Der Heilige Paulus sagt im ersten Brief an die Korinther: »Was die Frage der Ehelosigkeit angeht, so habe ich kein Gebot vom Herrn. Ich gebe euch nur einen Rat als einer, den der Herr durch sein Erbarmen vertrauenswürdig gemacht hat. Ich meine, es ist gut wegen der bevorstehenden Not, ja, es ist gut für den Menschen, so zu sein. Bist du an eine Frau gebunden, suche dich nicht zu lösen; bist du ohne Frau, dann suche keine. Heiratest du aber, so sündigst du nicht; und heiratet eine Jungfrau, so sündigt auch sie nicht. Freilich werden solche Leute irdischen Nöten nicht entgehen; ich aber möchte sie euch ersparen.« Und er sagte weiter: »Ihr sollt aber wissen, dass Christus das Haupt des Mannes ist, der Mann das Haupt der Frau und Gott das Haupt Christi«, und deshalb gilt Folgendes: »Eine Frau entehrt ihr Haupt, wenn sie betet oder prophetisch redet und dabei ihr Haupt nicht verhüllt. Sie unterscheidet sich dann in keiner Weise von einer Geschorenen. Wenn eine Frau kein Kopftuch trägt, soll sie sich doch gleich die Haare abschneiden lassen. Ist es aber für eine Frau eine Schande, sich die Haare abschneiden oder sich kahl scheren zu lassen, dann soll sie sich auch verhüllen. Der Mann darf sein Haupt nicht verhüllen, weil er Abbild und Abglanz Gottes ist; die Frau aber ist der Abglanz des Mannes. Denn der Mann stammt nicht von der Frau, sondern die Frau vom Mann.«

Die Vorstellung geht weit über die Übertretung des Gesetzes durch Ehebruch hinaus, denn man hielt die Ehe für unnötig und forderte zu körperlicher Entsagung auf. Mit anderen Worten: Jetzt geht es nicht mehr nur darum, nicht mit der Frau des anderen zu schlafen, sondern es mit keiner tun zu wollen, nicht einmal mit der eigenen. Viele Priester haben sich kastriert, um dem sexuellen Begehren absolut zu entsagen.

Monogamie und Polygamie

Polygamie und Monogamie haben sich die gesellschaftliche Befürwortung im Verlauf der Jahrhunderte geteilt. Ich glaube, die Polygamie ist natürlicher, denn sie entspricht der Physiologie der Fortpflanzung, da ein Mann mehrere Frauen befruchten kann.

Zu bestimmten Zeiten, in denen es notwendig war, die Bevölkerung so schnell wie möglich anwachsen zu lassen, tat der Patriarch – das kraftstrotzende Männchen – nichts anderes, als die größtmögliche Anzahl von Frauen zu befruchten, um der Gruppe die Nachkommen zu sichern. Später, als die Anzahl von Männern und Frauen annähernd gleich war, setzte sich die Monogamie durch, um die Konflikte unter den verschiedenen Gruppen nicht zu vermehren. Aber das soll keineswegs heißen, dass Polygamie mit Untreue gleichzusetzen ist, es handelt sich einfach um eine andere Form von Treue. Es gab auch die Polyandrie, wo mehrere Männer sich eine Frau teilen, auch wenn das seltener vorkam und gegen die normale Physiologie ist.

Für Emilio Corbière ist die Frage der Sexualität im jüdisch-christlichen und islamischen Denken ein Beweis für menschliche Dummheit. Der wahre Sex sei der freie der Griechen gewesen. Die jüdisch-christliche Auffassung der Sexualität als Sünde sei gegen die Geschichte und die humanistische Entwicklung.

All diese Gesetze stehen in enger Verbindung zu den Epochen, in denen sexuelles Begehren ausschließlich auf die Fortpflanzung beschränkt war. Ab dem 18. Jahrhundert dient es nicht mehr nur der Fortpflanzung, sondern auch der Befriedigung.

In moderner Zeit entwickelte sich dann die – nennen wir es – sukzessive Monogamie. Die Menschen leben phasenweise monogam. Fast niemand lebt sein ganzes Leben mit ein und derselben Person monogam, sondern in aufeinanderfolgenden Beziehungen. Aber auch hier gibt es unterschiedliche Ausprägungen, die mit der gesellschaftlichen Rollenverteilung zu tun haben. Der Einzug der Frau in die Arbeitswelt brachte bahnbrechende Veränderungen mit sich.

Dem Mann hat man auf sexuellem Gebiet immer mehr zugestanden, er konnte wesentlich freier agieren, während man an die Frau hohe Moralansprüche stellte.

Erstaunlich ist aber, dass die Frau in der Volksmythologie den Ruf hat, lasziv, unersättlich, untreu zu sein. Der Mann hingegen, der sich jahrhundertelang tatsächlich so verhalten hat, wird als naiv, nobel, als der Hintergangene angesehen.

Der wahre Betrug besteht in dem Versuch, unterschiedliche Wertmaßstäbe für das Verhalten der Frau und des Mannes aufzustellen. Wenn wir es für relativ natürlich halten, dass der Mann mit anderen Personen als seiner eigenen Frau sexuell aktiv sein kann, dann muss man der Frau dasselbe Recht zusprechen.

Es gibt verschiedene Gründe, warum zwei Menschen zusammenbleiben: zur wirtschaftlichen Absicherung, um eine Familienstruktur aufrechtzuerhalten, die Kinder großzuziehen und sich um sie zu kümmern. Aber in einer Zeit des Individualismus und Hedonismus dürften Zuneigung und Liebe die Hauptgründe dafür sein, dass zwei Menschen zusammenleben.

Diese Zuneigung und Liebe müssen nicht unbedingt sexueller Art sein. Man kann jemanden sehr lieben und mit ihm das Leben teilen, aber dennoch mit einer anderen Person schlafen wollen, weil das Neue reizt oder man sie attraktiv findet, ohne das geringste Interesse zu haben, mit ihr das Leben zu teilen.

Es kann also eine Trennung zwischen der langfristigen Zuneigung – die beim Zusammenleben hilft, um Arbeiten, Sorgen, Interessen zu teilen und sich um die Familie zu kümmern – und dem punktuellen sexuellen Interesse geben, das sehr viel spielerischer ist, auf die Befriedigung der Sinne zielt und keine übergeordnete Bedeutung haben muss. Es gibt demnach Menschen, mit denen wir leben wollen, und andere, mit denen wir schlafen wollen, und manchmal wollen wir mit den Menschen schlafen, mit denen wir uns auch ein gemeinsames Leben vorstellen können.

Diese Trennung tritt immer deutlicher zutage, und vielleicht wird sie bald für Menschen, die zusammenleben wollen, kein Grund mehr sein, sich Zuneigung und Liebe aufzukündigen, wenn sie gelegentlich mit anderen außerhalb der festen Paarbeziehung schlafen.

Freie Liebe und Aids

Die sechziger Jahre gelten – vielleicht etwas mythifiziert – als die freizügigsten. Jahre spielerischer und erotischer Explosion, der Verhütungsmittel und der freien Liebe. Auch ich kann etwas zu dem Thema sagen, denn ich war damals einundzwanzig und die Hormone brodelten. Es kam zu einem radikalen Bruch mit einer Reihe von Wertmaßstäben, aber wir alle neigen dazu, die Vergangenheit schönzufärben.

Wir empfanden dies als Aufbruch in eine ungehemmtere, tolerantere Ära ohne Repressionen, in der die menschlichen Beziehungen sich offener gestalten würden. Aber dann tauchte Mitte der achtziger Jahre die Geißel des Aids-Virus auf, das erst auf homosexuelle Beziehungen beschränkt war, sich aber dann auch auf die heterosexuellen ausweitete und heute alle die erreichen kann, die ungeschützten Geschlechtsverkehr haben.

Die Puritaner oder Abergläubischen versuchten aus der Aidskrankheit eine Art göttlichen Fluch, eine neue Plage zu machen. Aids hat die Freiheiten und die lockeren Sitten angegriffen und eine Reihe von Zwangskontrollen eingeführt, nicht etwa aus moralischen Gründen, sondern aus rein hygienischen. Ich denke, neunzig Prozent der vernünftigen – nicht der abergläubischen – Restriktionen beim Sex haben mehr mit der Hygiene zu tun als mit der Moral, die sich im Grunde wenig mit dem Bereich unterhalb der Gürtellinie beschäftigt.

Die Treue ist vielleicht eine Tugend, auch wenn ich den Eindruck habe, dass es sich um eine traurige Tugend handelt. Und das in erster Linie, weil sie auf den physiologischen Bereich reduziert wird. In diesem Zusammenhang sei an die Definition der Ehe durch Kant erinnert, der sagte, sie sei eine »Verbindung zweier Personen verschiedenen Geschlechts zum lebenswiderigen wechselseitigen Besitz ihrer Geschlechtseigenschaften«. Klingt doch romantisch. Da wundert es einen nicht, dass Kant nie verheiratet war.

Ich glaube, in diesem Sinne ist die Treue eine kantische Idee. Wenn wir entschieden haben, unsere Geschlechtsteile zu vermieten, dann ist die Tatsache, dass mehr als eine Person sie nutzt so, als würde jemand eine Wohnung mehrmals untervermieten, ohne den Eigentümer davon zu unterrichten.

Treue bedeutet, an jemanden oder etwas zu glauben, jemandem treu zu sein, aber in einem weiteren Sinne: seiner Zuneigung, seinen Vorlieben treu zu bleiben, die

Dinge aus Liebe, aus dem Wunsch heraus zu tun, das Leben des anderen zu bereichern, und nicht nur Treue auf sexuellem Gebiet. Deshalb erscheint mir die Betrachtung der Treue im kantischen Sinne des lebenslangen Nießbrauchs an den Geschlechtsorganen als traurige Tugend, als eine wenig schätzenswerte bürgerliche Regel.

> Männer heiraten aus Überdruss, Frauen aus Neugier.
> Beide werden enttäuscht.
> OSCAR WILDE

Dieser zynische Kommentar von Wilde lässt sich noch durch einen weiteren ergänzen. Auf seiner Reise in die Vereinigten Staaten beim Besuch der Niagarafälle – dem Flitterwochenziel schlechthin – sagte Wilde: »Das ist die zweite Enttäuschung der jungvermählten amerikanischen Paare.« Die Paare gingen, vor allem in früheren Zeiten, mit wenig sexueller Erfahrung in die Ehe. Mythen und Phantasmen rankten sich um diese Fleischeslüste, die eine Ehe scheitern lassen können, wenn der Leib erst gesättigt ist, und das geht schnell.

Der Reiz des Zusammenlebens soll in Verständnis, gegenseitigem Kennen, wechselseitiger Ergänzung und Unterstützung liegen, etwas, das man nicht in Tagen oder Monaten, sondern erst nach Jahren erreicht. Mit der Zeit entdecken die Paare, die sich wirklich lieben, die Anziehungspunkte ihrer Beziehung. In der ersten Phase rein körperlicher Verzückung dürften sie kaum zu erkennen sein.

Der heilige Paulus – der wahre Erfinder des Christentums – war einer der ersten, der über das Begehren gesprochen hat. Für ihn gab es drei ungeregelte Begehren, drei Arten der Libido, drei exzessive Begierden, von denen der Mensch im Verlauf seines Lebens besessen war: die *libido cognoscendi*, das ungeregelte Begehren nach Erkenntnis; die *libido dominando*, das ungeregelte Begehren nach Befehlsmacht und Herrschaft; und die *libido sentiendi*, das ungeregelte Begehren der Sinne, der Lust.

Diese drei Formen überbordenden Begehrens stellen die wesentlichen Leidenschaften dar, von denen die Menschen getrieben werden und gegen die man ständig kämpfen muss. Am engsten mit unserer animalischen Natur verbunden ist die *libido sentiendi*, die der sinnlichen Begierden, das Streben nach sofortigem Lustgewinn. Die anderen beiden Begierden können leichter zurückgehalten werden. Wir schieben unseren Wunsch nach Erkenntnis oder Macht auf, aber die Sinne wollen alles hier und jetzt. Die *libido sentiendi* strebt nach direkter Befriedigung, auch wenn sie nur kurz währt.

Sexuelle Aktivität ist jedenfalls immer schon kritisch beäugt und geahndet worden. In illustren Ländern wie den Vereinigten Staaten wurde bis in die sechziger Jahre Analverkehr mit der eigenen Frau mit Gefängnis bestraft. Natürlich bedurfte es dazu eines wirklich böswilligen Nachbarn, der ständig alles beobachtete und genau in dem Moment mit dem Polizisten auftauchte, in dem man das Gesetz brach.

Das sechste Gebot ruft wahrscheinlich am ehesten ein Lächeln hervor. Ein schelmisches Lächeln. Es ist das Gebot, in dem es um Ehebruch geht, um Hurerei, um unkeusche Handlungen, um die gesamte Welt des Begehrens. Es umfasst die unterschiedlichsten Aspekte familiärer Beziehungen, sexuelle Themen, Treue, Ehe in religiösen und moralischen Parametern mit sozialen, hygienischen und sogar medizinischen Komponenten.

VII

DU SOLLST NICHT STEHLEN

Der Schriftsteller bittet Gott, ihm zu erklären, was stehlen bedeutet

»Du sollst nicht stehlen« ... schön gesagt. Wirklich ein gutes Gebot. Das Stehlen war und ist eines der größten Übel der Menschheit. Aber du hast es nicht weiter ausgeführt. Was ist denn nun genau stehlen? Stiehlt der Vater, der sein Kind an Hunger sterben sieht und ein Stück Brot nimmt, um ihm etwas zu essen zu geben? Stiehlt der, der eine ganze Provinz plündert und alles Erbeutete an sich reißt?

Ich weiß nicht, wie es zu Moses' Zeiten war, aber heute gibt es verschiedene Bezeichnungen. Wer wenig klaut, der wird Gauner genannt und ins Gefängnis gesteckt; wer es hingegen im großen Stil tut, den nennt man Finanzgenie, und er wird allerorten wegen seines unternehmerischen Geistes gelobt und beglückwünscht.

Du hättest dir ein wenig mehr Mühe geben können. Hättest du nicht ins Detail gehen und erklären können, was stehlen in seinen verschiedenen Varianten bedeutet? Da du dich nicht genauer darüber ausgelassen hast, ist das Ergebnis dieses Gebotes nicht gut gewesen.

Manchmal denke ich, anstatt mit deinen Gesetzen Tabus festzulegen, hast du die Leute erst auf die Idee gebracht, genau das Gegenteil zu tun. Heute begehen die großen, angesehensten

Konzerne riesige Diebstähle. Könntest du das, dass eher ein Kamel durch ein Nadelöhr geht, als dass ein Reicher in dein Reich gelangt, nicht wiederholen? Aber tu mir einen Gefallen ... stelle klar, dass mit dem Nadelöhr nicht ein Tor von Jerusalem gemeint ist, sondern eine ganz kleine Nadel, und dass es keine Ausnahmen gibt, nicht für die Reichen ... und natürlich auch nicht für die Kamele.

Keine Seelen stehlen

Wie wir in einigen Fällen schon gesehen haben, unterscheidet sich der ursprüngliche Wortlaut der Gebote sehr von dem aktuellen. Auch die Bedeutung des Gebotes hat sich im Lauf der Jahrhunderte verändert.

»Du sollst nicht stehlen« bezog sich anfangs auf die Verschleppungen, darauf, keine Seelen, keine Menschen zu stehlen. Der Menschenraub war zu Moses' Zeit weitverbreitet, um sich Sklaven zu beschaffen oder aus anderen Gründen, und mit diesem Gebot wollte man dieses Vorgehen bestrafen.

»Einen Menschen zu rauben«, sagt Rabbi Sacca, »ist wie ihn zu töten. Der, der einen Menschen entführt und ihn wie einen Gegenstand verkauft, wird im Judentum mit dem Tod bestraft, aber nicht der, der materielle Dinge stiehlt. Das jüdische Volk hat es am eigenen Leib erfahren, als es von den Ägyptern verschleppt und versklavt wurde, und der Kampf Moses' mit dem Pharao sollte diesen Zustand beenden.«

Der Körper ist der elementare Besitz, den wir alle haben, und niemand möchte, dass er von anderen benutzt, geraubt oder manipuliert wird. Daher stammt die Gesetzesvorschrift des *Habeas Corpus*, das Recht am eigenen Körper, das rechtlich und gesellschaftlich respektiert werden muss. Aber manchmal werden viele Menschen sogar ihres Körpers beraubt, und damit ist nicht nur die Physis gemeint, sondern eine Welt aus Beziehungen, Gefühlen, Zärtlichkeit und Hoffnungen für andere Menschen. So ist es für die nächsten Verwandten, die sich auch um unseren Körper sorgen, ein schwerer Schlag, wenn er ihnen genommen wird.

> Es gibt Diebe, die nicht bestraft werden
> und dem Menschen das Kostbarste stehlen: die Zeit.
> NAPOLEON BONAPARTE

Die Geschichte des letzten Jahrhunderts ist voll von solchen Verirrungen. Zahllose Diktaturen haben Männer und Frauen allen Alters geraubt und diesen Tatbestand zu einer weitverbreiteten Sünde gemacht. Für Estela de Carlotto steht fest, wenn man politische Gegner verschwinden lasse, sei das auch Raub. Alle merkten in Argentinien, dass ein intelligenter, fähiger, aufrichtiger Generationsteil fehle, der, wenn er noch lebte, eine Schlüsselposition an der Macht innehätte, um die Dinge zu lösen, wie sie es anstrebten: gerecht. Aber man habe ihnen das Recht zu denken und zu leben geraubt. In Argentinien habe es nicht nur materiellen, sondern intellektuellen, emotionalen und historischen Raub gegeben.

»Ich glaube«, sagt Carlotto, »dass die Diktatur einen ausgearbeiteten Plan hatte, und unter all den Verbrechen ist auch der Raub von Säuglingen. Sie führten die makaberste und niederträchtigste aller Formen des Raubes ein: den des Kindes der jungen Entführten in einem Konzentrationslager, wo es unter den elendesten Bedingungen zur Welt kam, ohne Beistand, Nahrung, medizinische Versorgung. Es der Mutter aus den Armen zu reißen, um es wer weiß wohin zu geben. Der erste Raub, den sie unseren Enkeln antun, die bei denen leben, die sich ihrer bemächtigt haben, ist, ihnen das Recht zu nehmen, bei ihren richtigen Eltern zu leben.«

Der Schriftsteller Luis Sepúlveda fügt hinzu: »Dieser schreckliche Raub wurde von Subjekten praktiziert, die dem religiösen Denken eng verbunden sind. Die Militärs von Lateinamerika erklären sich alle zu überzeugten Katholiken und gehen jeden Sonntag in die Messe. Im Fall von Argentinien ging Admiral Massera sogar jeden Tag zur Messe. Außerdem gab es eine ganze Reihe von Schuften, die nirgends ohne ihren Kaplan oder Vikar hingingen, von denen sie sich ständig die Gebote herunterbeten ließen. Und doch praktizierten sie schamlos Menschenraub, was über den physischen Raub des Mannes, der Frau oder des Kindes hinausgeht. Das Schlimmste ist, dass sie viele Menschen gezwungen haben, in einer grausamen Gegenwart, in Unsicherheit zu leben. Ich habe es am eigenen Leib erfahren. Meine Frau wurde in Chile entführt und war ein halbes Jahr verschwunden, dem Kind, dem Ehemann und den Eltern geraubt. Es war eine schreckliche Erfahrung, wir hatten das Gefühl, der Kalender und die Uhren stehen still.«

Wenn wir Raub sagen, meinen wir gewöhnlich die Entwendung, jemandem unrechtmäßig Dinge zu nehmen, an denen er ein Besitzrecht hat. Wir zögern hingegen, den Ausdruck zu verwenden, wenn es sich um eine Handlung aus Not handelt. Wer würde nicht einen Diebstahl begehen, wenn das Kind an Hunger zu sterben drohte oder dringend eine Medizin benötigte? Vor allem wenn eine Person oder Institution mit viel Geld beraubt wird, sind wir nicht immer bereit, die Situation so knallhart zu verdammen. Es gibt moralische und rechtliche Nuancen zwischen jemandem, der ein Stück Brot stiehlt, und jemandem, der einer Witwe die Rente wegnimmt, mit der sie ihre Kinder ernährt.

> Alles, was ohne Not gegessen wird,
> raubt man dem Magen der Armen.
>
> MAHATMA GANDHI

Dieser Satz von Gandhi wird untermauert durch das Gefühl von Abscheu, das uns angesichts der Tatsache befällt, dass Millionen von Menschen an Hunger sterben und eine Gruppe Privilegierter an Verstopfung. Die Vorstellung, dass die Exzesse einiger weniger der Grund für die Not anderer sind oder zumindest dazu beitragen, ist eine Ungerechtigkeit, die wir intuitiv ablehnen, aber trotz aller Proteste besteht diese Situation weiter.

Massen und Plünderungen

Da wir im Zeitalter der Massen leben, sind sie gelegentlich auch die Hauptakteure des Raubes. So kommt es zu Massenplünderungen in Orten, an denen Chaos oder Tumult herrscht. Im Allgemeinen sind die Gründe für Plünderungen wirtschaftlicher oder sozialer Natur, wie bei der Rassengewalt in den Vereinigten Staaten oder bei den Hungersnöten nach einem Krieg, wenn benachteiligte, misshandelte Bevölkerungsteile Geschäfte überfallen und sich mit Lebensmitteln versorgen, um die Not zu lindern oder um sich dafür zu rächen. Es gibt auch eine widerwärtige Form der Plünderung, zu der es im Falle einer Katastrophe, einem Erdbeben oder einer Überflutung kommt, weil einige Leute, anstatt den Geschädigten zu helfen, alles an sich reißen, dessen sie habhaft werden können. In einer Konsumgesellschaft mit Angeboten und Versuchungen kann die Plünderung zu einem großen Fest werden.

Martín Caparrós glaubt, die Plünderung sei ein Moment, in dem Leute sich extrem frei fühlten; endlich hätten sie Zugang zu dem, was sie nicht besäßen, denn sie hätten kein Geld, um es sich leisten zu können. In dem Augenblick zerbreche die kapitalistische Ordnung und die Menschen seien frei, an das heranzukommen, was sie brauchten, denn sie umgingen das Geld in seiner Mittlerfunktion.

Hugo Mujica sieht das ganz anders, für ihn handelt es sich nicht um einen Moment der Freiheit, sondern der Not. Freiheit wäre es, wenn man nicht plündern müsste. Wer plündere, sei nicht frei. Der Plünderer mag in dem Moment das euphorische Gefühl haben, seine Forderungen durchzusetzen, aber jeder, der einen Akt über die menschliche Würde hinweg begehen müsste, habe die Freiheit verloren. Freiheit bedeutet, dass der Einzelne eine Arbeit und das Gefühl habe, seine Familie ernähren zu können.

> Das Forum für den großen Dieb,
> Gefängnis für den, der Brot stiehlt.
>
> PABLO NERUDA

Eine alte Redensart besagt, wenn du wenig stiehlst, bist du ein Gauner oder Dieb, und wenn du es im großen Stil tust, ein Finanzgenie. Manchmal ist es nicht leicht, die Grenze zwischen einem echten Raub und wirtschaftlich waghalsigen Manövern zu bestimmen. Die Finanzleute, die sich im Geflecht des Systems bestens auskennen, führen Operationen durch, die nicht ungesetzlich sind, aber ganz nah an der Illegalität. Manchmal gleitet man bei derselben Operation vom Legalen ins weniger Legale oder eindeutig Illegale. Es gibt Finanzparadiese, diese Orte, die wie unbeschriebene Räume sind, wo alle Gesetze aufgehoben scheinen, die in anderen Ländern gelten. Es gibt eine Heerschar von Spekulanten, die herumziehen und sich bereichern, indem sie Systeme ausnutzen, was zwar im wörtlichen Sinn nicht kriminell ist, aber moralisch gesehen einem Raub gleichkommt. Man muss unterscheiden zwischen der Legalität und der Moral des Verhaltens, vor allem in Situationen von Not und Mangel.

Was einen immer wieder erstaunt, ist die Unersättlichkeit einiger Leute, die genug Geld für mehr als zehn Leben haben und weiterstehlen. Du kannst doch nicht mehr als zwei- oder dreimal am Tag essen und man kann in einer Nacht auch nicht in mehr als einem Bett schlafen. Es gibt eine Obergrenze, ab der das Geld nicht mehr länger Hilfe, sondern Last ist.

Für Luis Sepúlveda ist das Geld zum populärsten, allerorten anzutreffenden Fetisch geworden, an den man am meisten glaubt. Man stiehlt zum Beispiel, um in die Liste der Reichsten der Welt zu kommen. Leute, die sich durch Waffenhandel bereichert haben und den Raub von Menschenleben potenzieren, Leute, die mit Drogen handeln und damit gesunden Leben die Möglichkeiten rauben, und andere, die Korruption betreiben und damit die Möglichkeiten rauben, dass Gesellschaften sich mit einer gewissen Normalität entwickeln.

Der Raub ist seit jeher mit der Vorstellung von Macht verbunden. Wenn ein Mann aus der Urzeit sah, dass einer seiner Artgenossen statt mit bloßen Händen mit einem Knüppel auf die Jagd ging, stellte er fest, dass dieser Gegenstand noch mehr Möglichkeiten bot, als zu töten. Und es kam ihm nicht in den Sinn, selbst einen anzufertigen, sondern er stahl ihn seinem Besitzer in einem Moment der Unachtsamkeit und machte ihn in seinen Händen zu einem Machtinstrument.

Aber wie bei allem gibt es Nuancen, die über die Jahrhunderte variieren. Ich erinnere mich, als ich das erste Mal in die herrliche italienische Stadt Ferrara voller feiner, wunderschöner Villen kam. In der Renaissance gab es dort weniger als ein Prozent Analphabeten. Es war eine kultivierte Stadt. Inmitten all der Schönheit steht das Schloss der Familie D'Este, das aussieht wie das von Schneewittchens Vater, abgeschlossen, von hohen Mauern umgeben, in dem die Herrscher lebten, Gestalten wie aus einem Werk von Shakespeare oder von Mario Puzzo, dem Schöpfer von *Der Pate*. Sie waren grausam, mordeten und töteten sich gegenseitig. Aber sie verwendeten das Geraubte zur Förderung der Künste und zur Alphabetisierung der Bevölkerung. Es ist eigenartig, dass sie bei all der Brutalität eine in gewisser Weise ästhetische Vorstellung von Geld hatten, wohingegen es heute auf Partys in Marbella verprasst wird.

Wenn der Staat raubt

Der moderne Wohlfahrtsstaat ist zweifellos eine große Errungenschaft der Zivilisation. Soziale Sicherheit zum Beispiel, der vom Staat garantierte Schutz bei Arbeitslosigkeit und Krankheit, sind klare Argumente für den moralischen Fortschritt der Menschheit. In diesem Sinne können wir sagen, dass wir heute in einer moralisch fortschrittlicheren Zeit leben als Aristoteles oder Voltaire.

Die Elemente des Wohlstandes sind heutzutage nicht das Ergebnis der Rechten oder Linken, sondern der Zivilisation. Wir haben eine höhere Position erreicht, in der sich die Gesellschaft um ihre Mitglieder kümmert und sie nicht nur zu einer Gruppe zusammenfügt wie zu früheren Zeiten. Aber der soziale Schutz ist sehr teuer und man muss viel Geld von den Beitragszahlern einnehmen. Halten wir uns vor Augen, dass in einigen Ländern der Einzelne bis zu fünfzig Prozent seiner Einnahmen an den Staat abführen muss. Es hat noch nie einen Steuereintreiber gegeben, weder in der Feudal- noch in der mittelalterlichen Gesellschaft, der einen so hohen Prozentsatz vom Verdienst der Leute eingestrichen hat. Die Feudalherren boten einen gewissen Schutz, zwar bei weitem nicht so komplex und ausgeklügelt wie der Wohlfahrtsstaat, dafür verlangten sie auch weniger Steuern.

Martín Caparrós hat seine speziellen Ansichten zu diesem Thema: »Die Leute akzeptieren durch einen jahrtausendealten Pakt, dass der Staat ihnen einen Teil der Einnahmen abnimmt: ›Ich gebe dir einen Teil von dem, was ich habe, damit du mir als Gegenleistung einen gewissen Schutz bietest.‹ Der alte Mafiapakt. Der Schutz mochte zu Anfang rein militärisch gewesen sein, aber danach wurde er auf Gesundheit, Bildung, Organisation ausgedehnt. Man lässt sich einen Teil von dem, was man hat, nehmen, damit einem eine gewisse Sicherheit geboten wird. Deshalb reagieren die Leute sofort, wenn der Staat seinen Teil des Mafiapaktes nicht erfüllt.«

Heute ist in manchen Fällen die Steuerlast erdrückend, und wenn der Staat dann seine Verteilungsfunktion nicht erfüllt – den Bürgern Dienstleistungen, Schutz, Hilfe, Unterstützung und Wohlergehen zu verschaffen –, fordern diese das mit Gewalt ein. So haben wir es mit einem echten Raub zu tun, wenn wir Staatsbeamte sehen, die gigantische Verträge schließen, in Betrugsskandale verwickelt sind, bei angeblichen Arbeitsessen mit großen Würdenträgern sitzen oder immer ausgeklügeltere Waffen kaufen, die dann in den Kasernen verstauben, weil es nur um technische Investitionen geht, die mit jedem Jahr höher werden. Das alles sind legale Formen des Raubes. Folglich sind der Schutz und der Nutzen für die Gesellschaft der einzige Grund für Steuern, und nicht, dass sie zu einer Maschine werden, die Gewissen und Willen niederwalzt.

Pater Busso behauptet, heute ginge man davon aus, dass die Leute durch ein soziales Netz und durch Gesetze abgesichert seien, im Gegensatz zu früheren Zeiten, in denen Arme von Almosen lebten. Man sei zu Recht stolz darauf, dass die Gesellschaft dahin gekommen sei, die Gesundheit, die Bildung usw. in einen gesetzlichen Rahmen zu betten. Und es bringe einen in Rage, wenn die Armen benachteiligt würden und spürten, dass ihr Leben durch soziale Ungerechtigkeit behindert werde.

Ich stehle dir eine oder mehrere Ideen

Wenn wir von Raub oder Diebstahl sprechen, denken wir dabei an Geld und greifbares Eigentum, aber was ist mit dem nicht greifbaren Eigentum? Zum Beispiel mit den Gedanken, den Patenten großer Erfindungen, einem musikalischen Thema, der Handlung eines Romans oder eines Theaterstücks? Wie schützt man die menschliche Kreativität, die diese nicht greifbaren, aber äußerst wertvollen Güter hervorbringt, in einer Zeit, in der vor allem die Information zählt? Es ist heute wichtiger, das geistige Eigentum zu schützen als die physischen Gegenstände.

Marcos Aguinis hat eine klare Meinung zu dem Thema: »Ich glaube, man muss sich sehr anstrengen, sich nicht fremden Eigentums zu bemächtigen, jedem den Verdienst zu lassen, der ihm zusteht, und diesen anzuerkennen. Man sollte akzeptieren, dass jeder Einzelne eine Quelle an Reichtümern ist, die man ihm nicht nehmen darf, deren Urheber er ist, denn sie sind Teil seines Antriebes und seiner

Würde. Einige kollektivistische und autoritäre Theorien versuchen eine Art Anonymität einzuführen. Die Kunst ist der Bereich, wo der Mensch in seiner einzigartigen Bedeutung hervortritt. Niemand außer Beethoven hätte die *Neunte Symphonie* komponieren können, niemand außer Dostojewski hätte *Die Brüder Karamasow* schreiben können.«

Für den Schriftsteller Marcelo Birmajer benötigt die menschliche Seele die Individualität wie der Körper die Nahrung: »Wir müssen sagen können: das habe ich erfunden, das trägt meinen Namen. Denn mein schwacher Trost ist, zu wissen, welches meine Schöpfung in dieser Welt der Ungewissheit war, wo der Einzige, der weiß, was vorgeht, Gott oder das Mysterium ist, und ich gar nichts weiß.«

Wir leben in einer Zeit, die von technologischer Entwicklung beherrscht wird. In Verbindung mit diesem Gebot und den Urheberrechten gibt es neue Situationen, die noch nicht klar definiert sind, aber die alles bis jetzt Bekannte verändern. Heute kann jeder über Internet den Text des letzten Buches, Musikaufnahmen oder einen noch nicht gezeigten Film herunterladen.

Ich frage mich, wie die traditionelle Auffassung vom Urheberrecht dem heutzutage allzu leicht gewordenen Plagiat begegnen will. Natürlich ist es umgekehrt auch einfacher, seine eigenen Bücher oder CDs zu verbreiten, ohne die Unternehmen. So verringern sich die Gewinne der großen Konzerne, die manchmal Blutsauger sind.

Andererseits ist der Künstler ungeschützt, denn welche Möglichkeiten hat er, die Gewinne aus seiner Arbeit zu bekommen, oder welchen Sinn hat es für ihn, sie weiter zu betreiben, wenn jeder sie umsonst nutzen kann?

Ich glaube, das Thema des Urheberrechts in Verbindung mit dem Internet und den neuen Formen technischer Reproduktion wird unsere Vorstellung vom Plagiat, von geistigem Diebstahl sehr verändern. Inwieweit können wir bei diesem Verhalten noch von Diebstahl sprechen, wenn es Usus wird? Als die Fotokopierer sich durchsetzten, war es ganz ähnlich. Heute ist das Fotokopieren von Büchern normal und niemand fühlt sich schuldig oder als Dieb, weil er das Buch eines Freundes kopiert hat, um es zu lesen, anstatt es im Buchhandel zu kaufen.

Der Raub ist unter uns

Wie wir gesehen haben, bezog sich das siebte Gebot ursprünglich darauf, keine Seelen, Menschen zu rauben. Dann wurde es erweitert: du sollst nicht plündern, du sollst niemanden berauben, du sollst die Gutgläubigkeit oder Naivität deines Nächsten nicht ausnutzen, um ihm zu nehmen, was ihm legitim Nutzen bringt. Es stellt sich auch die Frage, ob Raube durch Not oder durch andere Raube, deren Opfer man zuvor wurde und die einen mittellos machten, gerechtfertigt sein können. Die Staaten pflegen Moses' siebtes Gesetz auch nicht einzuhalten, wenn sie den Steuerzahlern einen Gutteil ihres Verdienstes abknöpfen und ihn nicht zum Nutzen der Gesellschaft verwenden. Der Diebstahl von Ideen ist weit subtiler als die Entwendung physischer Gegenstände.

Es ist ein Gebot, das alle Gebiete einschließt, es ist mit der Moral der Gesellschaften und der Individuen verknüpft, denn oft verläuft nur ein schmaler Grat zwischen dem, was man als Raub ansehen kann und was nicht.

VIII

DU SOLLST NICHT FALSCH ZEUGNIS REDEN

Jahwe und der Philosoph bitten, sich nicht gegenseitig zu belügen

»Du sollst nicht falsch Zeugnis reden und nicht lügen.« Aber bist du sicher, dass man überhaupt den Mund aufmachen kann, ohne zu lügen? Du weißt, was Goethe gesagt hat, dass du uns die Sprache geschenkt hast, damit wir unsere Gedanken besser verbergen können. Zumindest war dies der Effekt: das Wort wird benutzt, um teilweise oder ganz zu verschleiern, was man nicht sagen will.

Das kommt in allen Bereichen vor, und oft haben wir es unter deinen Stellvertretern beobachtet. Wenn es um die Lüge geht, kommen einem fast unweigerlich die Dinge in den Sinn, die wir im Lauf der Jahrhunderte von deinen Sprachrohren auf Erden anhören mussten. Ich beziehe mich auf einige, die, ihrer Meinung nach, eine große Beziehung zu dir haben und die nicht gerade Beispiele an Ehrlichkeit und Glaubwürdigkeit sind. Für mich läuft da etwas schief.

Ja ... du hast es mir schon gesagt ... ich weiß, dass du dich durch deinen Sohn als Wahrheit vorgestellt hast, das Wort, Logos. Aber wie können wir diese Realität mit dem gesprochenen Wort in Einklang bringen? Sind wir Herr über das, was wir sagen? Es heißt, man sei Herr seines Schweigens und nicht seiner

Worte. Wahrscheinlich ist es so, wahrscheinlich können wir eher kontrollieren, was wir verschweigen als was wir sagen. Wenn wir sprechen, treten wir sogleich in die Welt des Vorwandes, der Fiktion, der Missverständnisse ein … und unsere Zeit wird von der Werbung beherrscht … ja, ich weiß, das sind Dinge, an die du und Moses nicht dachtet, als ihr dieses Gebot verkündet habt. Damals gab es keine Werbebroschüren, kein Internet, keine Politiker in Wahlkampagnen und all die Dinge, die mit dem gekommen sind, was wir als Zeitalter der Information bezeichnen. All das war schwer vorauszusehen, sogar für dich.

Der Kontext der Lüge

Es gibt Lügen aus Höflichkeit, poetische Lügen, die keinen Anstoß erregen und keine Verwirrung erzeugen müssen. Im Gegenteil, einige sind schon Teil des gesellschaftlichen Spieles. Das Entscheidende an der Lüge ist der Kontext und wer belogen wird.

Aber es gibt auch Lügen, die sind schwerwiegend und schaden dem gegenseitigen Vertrauen in einer Gesellschaft. Das sind die Lügen im offiziellen Kontext, zum Beispiel die des Politikers, des Journalisten, der uns informieren, oder die des Lehrers, der uns erziehen soll. Das sind die gefährlichsten Lügen, über sie kann man nicht einfach hinwegsehen.

Ohne die Lüge würde die Menschheit an Verzweiflung
und Langeweile sterben.
ANATOLE FRANCE

Das Problem ist nicht, dass jeder lügt, sondern dass manche Lügen im offiziellen Kontext straffrei sind. Das Entscheidende ist, dass sie nicht gegen die Gerechtigkeit, das öffentliche oder private Interesse gerichtet sind.

In dieser Hinsicht ist die angelsächsische Welt mit all ihren Fehlern und Freiräumen sehr strikt. Wir haben gesehen, wie die Gesellschaft in einigen Fällen reagiert, in die das Staatsoberhaupt verwickelt ist, wie zum Beispiel bei Bill Clinton und der Praktikantin Monica Lewinsky. Abgesehen davon, dass die Geschichte selbst ziemlich albern ist, war das eigentliche Problem die Lüge, die Tatsache, dass der Präsident in einem Moment nicht die Wahrheit gesagt hat. Dasselbe geschah mit Richard Nixon während des Watergate-Skandals. Die wahre Anklage richtet sich dagegen, dass der Staatsdiener, wenn seine Wähler, das Volk, die Wahrheit von ihm erwarten, sie nicht sagt. Er lügt vor Gericht, wenn er zur Nation spricht oder wenn er sich an eine Gruppe richtet, die informiert werden will. Das ist das wahre Problem und darauf spielt das Gebot an.

Lüge, Fiktion und Höflichkeit

Die Kunst, das Theater, das Kino, sie alle enthalten fiktive Elemente. Die Dinge, die sie zeigen, geschehen nicht wirklich, und wir lassen das zu, weil wir wissen, dass man uns nicht die Wahrheit erzählt. Aber sie sind für uns von Interesse, weil sie Ähnlichkeit mit wahren Situationen haben oder weil sie uns über die Realität im Wortsinne aufklären können.

Die Höflichkeit ist voller Lügen. Wir alle wünschen uns einen guten Tag, wir sagen den anderen, sie sähen hervorragend aus oder dass wir uns freuen, sie kennenzulernen. Im Allgemeinen glauben wir nicht, dass der Tag besonders gut ist, der andere so gut aussieht oder dass wir uns wirklich so freuen, sie kennenzulernen. Aber diese Art von Liebenswürdigkeit hat mit unserer wechselseitigen Beziehung zu tun, und obwohl wir alle um den fiktiven Charakter dieser Formeln wissen, stört es uns, wenn es jemand mit seiner Aufrichtigkeit übertreibt und die Regeln der Höflichkeit nicht beachtet. Ich vermute, es gibt eine Art von Lügen, die wir von den anderen fordern: die aus Höflichkeit, die der Kunst, die der Fiktion, und gelegentlich bitten wir sogar darum, man möge uns unangenehme Wahrheiten verschweigen, die wir nicht ändern können.

Beispielsweise gibt es Leute, die, wenn sie an einer schweren Krankheit leiden, es vorziehen, dass man ihnen nicht sagt, dass sie unheilbar ist, damit sie die letzten Tage in der Überzeugung verbringen, dass es ihnen schon besser gehe und sie bald wieder gesund werden. Viele von uns handeln wie Fräulein von Kristall, die Figur aus dem Theaterstück *Mein Faust* von Paul Valéry, als sie Faust fragt: »Wollen Sie, dass ich Ihnen die Wahrheit sage?« Worauf Faust antwortet: »Sagen Sie mir die Lüge, die Sie für würdig befinden, wahr zu sein.« Genauso ergeht es uns. Aus dem einen oder anderen Grund ziehen wir es vor, dass man uns die Wahrheit sagt, die der andere am meisten für würdig befindet, wahr zu sein, oder die wir als solche ansehen können.

Hugo Mujica behauptet, das falsche Zeugnis läge in uns. »Wir erfinden mit großer Leichtigkeit, und wenn wir das nicht tun, glauben wir alles, was uns zupass kommt. Wir leben in einem Meer von Lügen – obwohl ich eher von falschem Zeugnis als von existenzieller Lüge sprechen würde. Unser Leben ist von Falschheit geprägt. Das fängt in dem Moment an, in dem wir unfähig sind nachzuvollziehen, was wir hören, und dann geben wir das vermeintlich Gehörte ganz leicht weiter und erfinden Dinge dazu. Die Wahrheit mit der Solidität eines Wortes, das mit Wissen oder zumindest verbindlich ausgesprochen wird, ist verlorengegangen.«

Es wird nie so viel gelogen wie vor Wahlen,
im Krieg oder nach der Jagd.
OTTO VON BISMARCK

Wenn wir an Politik denken, schwindeln wir nicht auch? Die Leute sagen beispielsweise, dass ihnen die Freiheit gefällt. Ist das wirklich so? Können sie in Freiheit leben? Akzeptieren sie die Risiken und Widersprüche, die mit Freiheit verbunden sein können? Freiheit ist auch die Freiheit zu irren, sich zu schaden. Die meisten wollen nur den positiven und guten Teil der Freiheit, die ohne Anstrengung und Aufwand erhalten bleiben soll. Die Leute wollen das, was in einem bestimmten Moment von Interesse für sie ist, ob es nun Gerechtigkeit heißt oder Freiheit.

Für das Judentum, so Rabbi Sacca, »ist nicht falsch Zeugnis zu reden ein Stützpfeiler der zivilisierten Gesellschaft. Wenn gelogen wird, kann man keine Gesellschaft bilden.

Der kauft, zahlt nicht, der sein Wort gibt, hält es nicht, der Zeugnis ablegt, lügt. Eine solche Gemeinschaft ist zur Zerstörung verdammt. Wir sind der Ansicht, eine Gesellschaft, in der die Lüge praktiziert wird, verschwindet, sie kann sich nicht konstituieren.«

Marcos Aguinis ist derselben Ansicht: »Kulturell bedingt gibt es Länder, in denen die Lüge nicht angemessen bestraft wird, und das wirkt sich sehr zersetzend auf die Gesellschaft aus, denn es gibt keine klaren Vorgaben, man weiß nicht, wo es hingehen, woran man sich halten soll, es herrschen Verwirrung und Täuschung. Die gesellschaftliche Ordnung verlangt, dass die Lüge sanktioniert und die Wahrheit akzeptiert wird. Die Gesellschaften, die nicht gegen die Lüge vorgehen, kommen langsamer voran und haben mehr Schwierigkeiten, ihre Probleme zu lösen. In der Lage zu sein, bestimmte Wahrheiten zu akzeptieren, ist nicht einfach. Manchmal gibt es viele Widerstände und Ängste, sie auszusprechen. Es scheint, dass die Wahrheit den harten Menschen eigen ist, die in der Lage sind, diese Wunde zu ertragen, die entsteht, wenn man etwas Schlechtes erfährt, aber die, gerade weil sie davon wissen, es auch überwinden können.«

Was mich persönlich angeht, so glaube ich, dass ich im Lauf meines Lebens nicht mehr gelogen habe als andere. Es ist sehr gut möglich, dass zu dieser spontanen Neigung zur Aufrichtigkeit etwas beigetragen hat, das mir als Kind widerfuhr. Als ich fünf Jahre alt war, hatten meine Eltern einen Privatlehrer engagiert, der mir die ersten Buchstaben und Zahlen beibringen sollte. Er war sehr gutmütig, familienfreundlich. Aber mir ging es schrecklich gegen den

Strich, dass ich meine Zeit mit ihm verbringen musste, anstatt mit meinen Geschwistern zu spielen. Das Schlimmste war, dass er mir immer Aufgaben auftrug. Das war wirklich zu viel. Und eines Tages belog ich ihn seelenruhig: »Meine Eltern haben gesagt, Sie sollen mir keine Hausaufgaben aufgeben, denn sie wollen mich nicht mit Arbeit überlasten.« Und der arme, gutmütige und gutgläubige Mann erwiderte: »Na schön, dann gebe ich dir nichts mehr auf.« Als meine Mutter ihn ein paar Tage später zur Tür brachte, erfuhr sie von dem Gespräch und wurde sehr wütend. Von dem Moment an war mir klar, dass die Lüge üble Konsequenzen haben kann.

Ich muss auch zugeben, dass ich bei einer anderen Gelegenheit falsches Zeugnis abgelegt habe. Zur Zeit der Franco-Diktatur wurde ein Freund wegen Verteilung von politischen Propagandazetteln verhaftet, und ich habe vor Gericht ausgesagt, dass er nach dem Unterricht an der Universität mit mir zusammen war. Aber ich hatte nie einen Gewissenskonflikt deswegen, denn in Diktaturen ist alles falsch, nicht nur die eigene Zeugenaussage.

Vielleicht habe ich viele Frauen belogen. Und zwar nicht, wenn ich ihnen sagte, dass ich sie liebe, sondern wenn ich behauptete, ich würde niemand anderen lieben.

Ich möchte es nochmals betonen, ich habe nicht mehr gelogen als andere, und obwohl ich mich für die Welt der Fiktion interessiere, interessiert mich auch die Genauigkeit. In diesem Sinne ist die Philosophie für mich die Suche nach der Wahrheit.

Information und Lüge

In den letzten hundert Jahren ist die Information zur Achse der Gesellschaft geworden. Die Mächtigsten sind die, die Informationen aus erster Hand haben, und ihre Macht ist größer als die derer, die viele greifbare Güter besitzen. Es gibt einen Unterschied zwischen denen, die Information zu den anderen bringen, und denen, die sie empfangen. Diese Unterschiede sind entscheidend, und da kommt die Wahrheit als Schlüsselthema ins Spiel.

Wir alle wissen, dass Information keine absoluten Wahrheiten bieten kann. Das Gebiet der Information ist nicht dasselbe wie das der Meinung. Die Medien müssen klar trennen zwischen der Weitergabe von Informationen, bei der sie sich weitestgehend an die objektiven Tatsachen halten sollten, und der Äußerung von Meinungen, die subjektiv sind, Interpretationen, die eine Unterschrift tragen.

Die Meinung muss nicht mit derselben Gewissheit geglaubt werden, mit der man die objektive Information aufnimmt. Man muss außerdem berücksichtigen, dass die Informierenden bei den Medien arbeiten, und einige davon gehören zu großen Konzernen, die ihre eigenen Interessen haben, und die liegen häufig nicht darin, die Gesellschaft gut zu informieren, sondern darin, das Geschäft boomen zu lassen. Man muss sich nur das Angebot von verschiedenen Medien anschauen, um zu sehen, wie ein jedes in irgendeiner Weise im Dienste von *pressure groups*, politischen Parteien etcetera steht. Das soll nicht heißen, dass sie Informationen fälschen, sondern sie kanalisieren sie in eine bestimmte Richtung, die ihren Sektor interessiert. Ich bezweifle, dass es für dieses Problem eine definitive Lösung gibt. Die einzige, die mir einfällt, ist, verschiedene Presseorgane zu vergleichen, verschiedene Fernsehkanäle zu sehen und viele Sender zu hören. Das heißt, man sollte sich die Information aus verschiedenen Quellen beschaffen, sie vergleichen und sich seine eigene Meinung bilden. Aber natürlich ist das aus wirtschaftlichen und aus Zeitgründen nicht für jedermann machbar.

Nicht dass du mich belogst, sondern dass ich dir nicht mehr glauben kann, hat mich erschüttert.
FRIEDRICH NIETZSCHE

Hugo Mujica ist der Ansicht, in den Medien würde das Wort wie eine Ware wiederverwertet, denn es solle sich verkaufen. Das Wort könne zu Verführungszwecken an die Lüge gebunden sein. Aber das Erstaunliche sei, dass niemand nach der Wahrheit verlange, wie es in dem Tango »Mein Herz verlangt nach einer Lüge« hieße. Wir gingen von der Lüge aus, weil wir in ihr leben.

Kürzlich las ich in der Presse eine seltsame Nachricht. In den Vereinigten Staaten wollte man eine Art Lügenbüro schaffen, um absichtlich Gerüchte zu verbreiten, die beispielsweise dem Kampf gegen den Terrorismus nützen könnten. Am nächsten Tag erschien ein offizielles Dementi. Da dachten viele von uns, das ist die erste Aufgabe eines Amtes zur Schaffung von Lügen: zu behaupten, es existiere nicht.

Absichtlich gestreute Gerüchte sind zu allen Zeiten eingesetzt worden. Winston Churchill tat es während des

Zweiten Weltkrieges. Er erfand angebliche Erfolge seiner Truppen im Kampf gegen Deutschland, um den Mut der Bevölkerung nicht sinken zu lassen. Oder denken wir an die Gerüchte, dass die Juden die Bonbons vergifteten, die sie den Kindern gaben, oder dass sie das Trinkwasser verseuchten. Falsche Anschuldigungen, die zu fürchterlichen Verfolgungen führten.

Krieg der Welten

Ein historischer Fall ist das Hörspiel, das Orson Welles nach H. G. Wells' Roman *Der Krieg der Welten* machte, in dem es um die Invasion der Erde durch Marsmenschen geht, die auf der Welt alle möglichen Gewalttaten begehen. Das Hörspiel war so realistisch, dass die Leute, die den Radiosender später eingeschaltet hatten, als die Erzählung schon fortgeschritten war, meinten, es handelte sich um eine Nachrichtennotiz. Man informierte darüber, dass Raumschiffe gelandet waren, um Städte zu zerstören. Es entstand eine große Panik, die Jahre später belustigend wirkt, aber damals zu dramatischen Szenen führte. Die Episode ist ein Beweis für die Macht des Radios und der Information, obwohl das Ziel eigentlich war, ein gutes Kunstwerk zu machen. Es soll uns als Warnung hinsichtlich der Bedeutung der Medien und der Gefahr der Verbreitung von Falschinformationen, Halbwahrheiten dienen, die die Meinung der Leute umkehren und unbegründete Panik oder Begeisterung auslösen.

Machthaber neigen gerne dazu, die Vergangenheit durch Lügen zu verändern und Tatsachen verschwinden zu lassen, die ihnen nicht passen. In dem Roman *1984* von George Orwell gibt es ein Ministerium für Wahrheit, dessen Aufgabe es ist, ständig die Geschichte zu verändern und die Wirklichkeit umzuformen, ein Abbild dessen, was in den letzten hundert Jahren geschehen ist.

Ich erinnere mich, dass in den Fluren meines Gymnasiums Bilder von früheren Jahrgängen hingen. Es gab in Spanien einen berühmten Serienmörder, Jarabo, der dort zur Schule gegangen war. Die Schulleitung löschte mit Aceton das Bild des jungen Jarabo aus. Ein klares Beispiel dafür, wie man im Namen der Gegenwart eine Person der Vergangenheit verschwinden lässt.

Der Franquismus tat das ständig. Es war verboten die Namen bestimmter Schriftsteller, Filmemacher oder Künstler zu nennen, die Gegner des Regimes waren. Stalin ließ die offiziellen Fotos von Trotzki oder irgendeinem seiner Feinde, die in Ungnade gefallen waren, auslöschen. Dieser stetige Versuch, die Vergangenheit zu korrigieren, die Dinge, die Tatsachen, die wir nicht akzeptieren wollen, zu verändern, endet darin, dass sie per Gesetz ganz abgeschafft wird.

Etwas hat mich immer fasziniert, wenn ich in den Supermarkt gehe und Tüten mit Orangensaft vorfinde, auf denen steht: »frisch gepresst«. Es liegt auf der Hand, dass der Saft, wenn er in einem Behältnis abgefüllt ist und dieses von der Fabrik in den Supermarkt gebracht wurde, alles sein kann, aber nicht »frisch gepresst«. Wir alle wissen, dass das unmöglich ist, aber wir akzeptieren es und wir wollen in der Werbung auch nichts anderes hören. Es würde uns missfallen, wenn darauf stünde: »Saft aus vor vierzehn Tagen ausgepressten Orangen, der aber immer noch gut ist.« Nein, wir wollen, dass man uns eine frische und direkte Lieferung garantiert, die schlichtweg unmöglich ist. Diese Situation wiederholt sich bei verschiedenen beworbenen Produkten, und wir nehmen die Fiktion gerne an. Im Allgemeinen ist die Werbung eine Art Erweiterung der menschlichen Fantasie, die zunächst die Illusionen erahnt und ihnen dann Gestalt gibt, die wir auf einfache Dinge projizieren, deren Nutzen mehr oder weniger gegeben sein kann, aber die natürlich unser Leben nicht großartig verändern werden. Die Werbung ist eine Fabrik von Träumen, großartigen Erfindungen, die wir in unserem Inneren schaffen und die sie in der Außenwelt materialisiert.

Marcelo Capurro sagt, die Werbung lüge nicht. Sie übertreibe manchmal, spitze Vorstellungen oder Situationen zu, um Aufmerksamkeit zu erregen. Niemand glaube, außer in ganz ungebildeten Schichten, dass das eine Waschpulver weißer wasche als das andere. Waschpulver waschen alle mehr oder weniger gleich. Die Werbung schaffe Gefühle, Sympathien und Produkttreue, die nicht selten mit dem Schauspieler oder dem Model zusammenhingen, die in der Werbung aufträten. Die Werbung sei zu verdammen, wenn sie zur direkten, offenkundigen Lüge greift. Aber im Allgemeinen handelte es sich um Übertreibungen, die man, um einen katholischen Terminus zu verwenden, als lässliche Sünden bezeichnen würde.

Auslassung und Verschweigen

Nicht alle Lügen sind tatsächlich Lügen, denn man kann auch etwas sagen, das nicht unbedingt falsch ist. Man lügt auch, wenn man etwas nicht sagt, das wahr ist und durch Auslassung den Sinn der Dinge verändert. Zum Beispiel wird bei Verträgen, die Menschen schließen, wenn sie ein Haus, eine Wohnung oder andere Sachen kaufen, gerne das ausgelassen, was man das Kleingedruckte nennt, durch das etwas sehr positiv Scheinendes negativ werden kann. Bei Prozessen ein Detail auszulassen ist ebenfalls ein falsches Zeugnis, denn durch dieses Verschweigen wird die Aussage verzerrt. Es ist ein subtiler Akt, denn man kann demjenigen keine Lüge vorwerfen, aber es kann eine verzerrte Darstellung in der Öffentlichkeit zustande kommen.

»Für uns ist die Auslassung strafbar«, sagt Rabbi Sacca, »wenn ein Zeugnis vor Gericht verschwiegen wird. Jemand weiß etwas, tritt nicht auf und sagt es nicht. Das ist ein Nicht-Handeln, aber es ist unkorrekt. Im täglichen Leben gibt es Auslassungen, die korrekt sein können. Wenn es zum Beispiel darum geht, eine gute Beziehung zwischen Mann und Frau aufrechtzuerhalten und einer von beiden einen Kommentar auslässt, der Anlass zu Streit geben könnte. In diesem Moment ist es besser zu schweigen, auch wenn das, was man sagen wollte, wahr ist. Ein anderer Fall sind schlechte Nachrichten, die man nicht unbedingt übermitteln muss, wenn der andere über das Geschehen nicht in jedem Fall unterrichtet sein will.«

Für Pater Busso kann Auslassung auch Übereinstimmung mit einer Wahrheit sein. Oft sei das Schweigen eine

Konzession. Der Vater lässt den Kindern gegenüber viele Dinge wissentlich aus, er beantwortet die Fragen des Kindes altersgemäß, und das kann man nicht als Lüge bezeichnen. Das Verschweigen der ganzen Wahrheit kann manchmal sogar eine Verpflichtung sein. Ein anderes Thema ist der geheime Vorbehalt. Ihn praktizieren wir, um die heiligsten Geheimnisse zu wahren, beispielsweise in bestimmten Grenzsituationen. Wir dürfen keine Lügen aussprechen, aber wir dürfen über ein Thema im Allgemeinen reden, ohne das Geheimnis zu verraten.

Wir, die wir nicht glauben, haben kein Problem damit, einen Schergen einer Diktatur oder einen Mörder zu täuschen. Wenn mich ein ETA-Terrorist oder ein Agent eines Diktators etwas fragt und ich ihn täuschen könnte, würde ich das ohne jeden Skrupel in aller Seelenruhe tun, um auf diese Weise verfolgten Menschen zu helfen oder einfach nur, um ihn zu ärgern. In diesem Fall würde ich mich auf keinen Fall der Falschaussage schuldig sehen.

Aber das ist mein Standpunkt. Kant wäre nicht meiner Meinung, denn er hat eine kleine Schrift verfasst, in der er sagt, man dürfe unter keinen Umständen lügen, nicht einmal um das Leben eines Unschuldigen zu retten.

Für die, die dieses Gebot prägten, war die zentrale Frage das Zeugnis bei Strafprozessen, sie hatten keine andere Form des Beweises als das von den Parteien gegebene Wort, und von daher war die Aufrichtigkeit der Aussagenden unverzichtbar.

Was ist die Wahrheit? fragte Pilatus Christus bei einer berühmten Gelegenheit. Einer der großen Philosophen des Mittelalters, Thomas von Aquin, würde sie als Angleichung des Verstandes, der menschlichen Intelligenz an die Sache definieren. Aber uns interessiert die sich aus dem Gebot ergebende Wahrheit: kein falsches Zeugnis abzugeben, nicht zu lügen. Wahrheit ist eine Angleichung dessen, was wir verstandesmäßig als Wirklichkeit erfassen, und dem, was wir sagen oder erzählen. Bei manchen Gelegenheiten müssen wir aus moralischen oder juristischen Gründen genau sagen, was wir wissen oder was wir glauben, damit es der Wirklichkeit am nächsten kommt. Es gibt aber auch triviale Fragen, wo es nicht so wichtig ist, ob wir die Wahrheit sagen oder nicht, die man in anderen Momenten von uns einfordern kann. Gefährlich wird es immer dann, wenn die Lüge Individuen oder der Gesellschaft großen Schaden zufügt.

IX

DU SOLLST NICHT BEGEHREN DEINES NÄCHSTEN WEIB

Der Autor sagt, des Nächsten Weib nicht zu begehren sei antiquiert, und Jahwe reagiert verärgert

In diesem Fall wirst du, wie bei fast allen übrigen Geboten, nicht mit mir einer Meinung sein, aber das bereitet mir kein Kopfzerbrechen. Ich glaube, dir sollte es Kopfzerbrechen bereiten, dass die Wirklichkeit heutzutage nicht mehr viel mit deinen Ideen zu tun hat. Zum Beispiel: Du sollst nicht begehren deines Nächsten Weib klingt ein wenig antiquiert. Erstens, dass sie dem Nächsten gehört wie ein Gegenstand oder Besitz, passt nicht zu der liberalen und feministischen Zeit, in der wir leben.

Zweitens muss ich dir sagen, ist das Verbot, die Frau zu begehren, unvollständig. Auch auf die Gefahr hin, dass du dich aufregst, muss ich dir sagen, dass die Frau dasselbe Recht hat, den Mann ihrer Nächsten zu begehren. Und es gibt auch Leute, die die Frau des Nächsten nicht begehren, weil sie den Nächsten selbst begehren.

Die Dinge sind anders als zu Moses' Zeiten, Jahwe. Die Paarbeziehungen sind nicht mehr dieselben. Keine Frau akzeptiert es, jemandem zu gehören. Vielleicht ist das Einzige, wofür man deinem Gebot dankbar sein muss, die Tatsache, dass über die Jahrhunderte hinweg nichts die Frauen so attraktiv gemacht hat, wie der Gedanke, dass sie jemandem gehörten. Das ist wie beim Gras des Nachbarn, das uns grüner erscheint: die Frau des Nächsten kommt uns immer besonders anziehend vor, weil sie unerreichbar ist oder sich uns verweigert.

Das Auftauchen des Aids-Virus hat dazu geführt, dass einige Leute streng monogam leben. Aber andererseits gibt es auch Leute, die Gruppensex oder Partnertausch praktizieren.

Außerdem musst du uns verzeihen, dass, auch wenn wir uns bemühen, tiefer in das Thema einzusteigen und es ernsthaft zu betrachten, immer wieder ein Schmunzeln über unser Gesicht huscht.

Die Frau des Nächsten begehren in der Bibel

Im Alten Testament finden wir viele Szenen, die mit diesem Thema zu tun haben. Wir sprachen schon über Sara, Abrahams Frau, die diesen überzeugte, mit einer Konkubine zu verkehren, um die Nachkommen zu sichern, denn sie war zu alt, um ein Kind zu bekommen. Aber Abraham war auch an anderen Szenen beteiligt, in denen die Moral fehlte, von der die meisten Leute mit einer gewissen Unschuld glauben, dass sie in der Bibel vorhanden sei. Da heißt es in der Heiligen Schrift: »Als über das Land eine Hungersnot kam, zog Abraham nach Ägypten hinab, um dort zu bleiben; denn die Hungersnot lastete schwer auf dem Land. Als er sich Ägypten näherte, sagte er zu seiner Frau Sara: ›Ich weiß, du bist eine schöne Frau. Wenn dich die Ägypter sehen, werden sie sagen: »Das ist seine Frau!«, und sie werden mich erschlagen, dich aber am Leben lassen. Sag doch, du seiest meine Schwester, damit es mir deinetwegen gut geht und ich um deinetwillen am Leben bleibe.‹«

So geschah es, der Pharao war verzückt von der Schönheit Saras, die sich als Abrahams Schwester vorgestellt hatte, und sie wurde sehr bald eine der Frauen des ägyptischen Monarchen, der den jüdischen Propheten mit allen möglichen Geschenken überhäufte: Tiere, Sklaven, Sklavinnen. Völlig unverständlich, dass Jahwe den ägyptischen Pharao mit allen möglichen Plagen bestrafte, weil er das Sara angetan hatte. Während Abraham wegschaute, als ginge ihn das alles gar nichts an. Das Ende der Geschichte hätte für den Pharao trauriger nicht sein können. Er ließ Abraham rufen und sagte zu ihm: »Was hast du mir da angetan? Warum hast du mir nicht gesagt, dass sie deine Frau ist? Warum hast du behauptet, sie sei deine Schwester, sodass ich sie mir zur Frau nahm? Nun, da hast du deine Frau wieder, nimm sie und geh!« Dann befahl der Pharao ein paar Männern, Abraham mit seiner Frau und allem Hab und Gut aus Ägypten hinauszugeleiten. Man könnte sagen, die Geschichte sei eines Almodóvar würdig, aber ein paar tausend Jahre älter und ohne Kino.

Der Ausspruch dieses Gebotes zeigt, dass es mit einer Form von Besitz und Eigentumsgarantie verbunden war, die von den freien und offenen Beziehungen, wie wir sie heute zu führen versuchen, meilenweit entfernt sind.

Eine Feministin würde sogleich ins Feld führen, dass die Frau nie dem Nächsten gehört. Es ist eine Sache, wenn man in einer Paarbeziehung lebt, und eine ganz andere, dem anderen zu gehören. Das heißt, sie gehört sich selbst und kann folglich andere Beziehungen zulassen oder ablehnen, denn sie gehört der anderen Person nicht in einem possessiven Sinn.

Das Gebot zeigt klar und deutlich, welchen Platz das weibliche Geschlecht zu Moses' Zeiten hatte. Es verbot, die Frau des Nächsten und sein Hab und Gut zu begehren: den Knecht, die Sklavin, den Esel, das Haus. Im Lauf der Jahre verdoppelte sich das Gebot, man verbot, die Frau zu begehren, und packte den Rest des Besitzes in ein anderes Gesetz.

Das Gebot hat auch mit Neid zu tun. Manchmal sonnen sich Männer darin, ihre Frau zur Schau zu stellen; sie wollen, dass andere sie ansehen, aber sie werden total eifersüchtig, wenn die anderen sie begehren. Wenn sie von perfekter Gleichgültigkeit umgeben wären und niemand die Gattin ansehen würde, wären sie frustriert, aber wenn das passiert, dann entfacht das in ihnen schreckliches Unbehagen. Der Eifersüchtige ist auf das Begehren des anderen eifersüchtig, von dem er nicht Besitz ergreifen kann. Man kann einen Gegenstand oder eine Person besitzen, nicht aber ihr Begehren oder das der anderen. Eifersucht hat fast immer mit Neid zu tun. Der grundlegende Unterschied ist, man ist neidisch auf das, was man nicht hat, und eifersüchtig wegen dem, was man hat.

José María Blázquez sagt, das Gebot würde sich im Grunde auf das Eigentumsrecht beziehen, denn es sei im Ursprung an den Rest der Habseligkeiten gebunden, die das Familienoberhaupt besitzt. Es bezeichne nicht so sehr eine sexuelle Sünde, sondern eine, die sich gegen das Eigentum richte. Heute werde es niemandem in den Sinn kommen zu behaupten, die Frau sei Eigentum des Mannes wie das Auto, das auf seinen Namen läuft. Im Gegenteil, das

Auto gehöre beiden und noch mehr den Kindern, die es benutzen, als seien sie die wahren Besitzer.

Ich habe sie getötet, weil sie mir gehörte

Besitzdenken in der Liebe hat zu vielen grausamen Verbrechen geführt. Verbrechen aus Leidenschaft basieren darauf, dass einer der Beteiligten der Ansicht ist, ihm würde etwas genommen, das ihm gehört. Dann glaubt er das Recht zu haben, sein Haus gegen einen Angreifer zu verteidigen oder sogar die Frau mit dem Tod zu bestrafen, denn schlussendlich gehört sie dem Mann, und was fällt ihr ein, zu einem anderen zu gehen. Sogar das raffinierte Erzählwerk von Jorge Luis Borges beschäftigt sich mit dem Thema. In seiner Erzählung *Der Eindringling* zeigt er, wie zwei Brüder sich in dieselbe Frau verlieben und den Konflikt lösen, indem sie das Mädchen umbringen.

Man hört immer wieder den schrecklichen Satz: »Ich habe sie getötet, weil sie mir gehörte« als Argument zur Rechtfertigung brutalster Taten, und der Tango bietet da zweifellos ein Repertoire an Musterbeispielen. Ein Beispiel sind die Zeilen in Lunfardo von »Man hört sagen« aus der Feder des Dichters Alberto Ballesteros:

> Eines Nachts, als der brave Bursche
> zum Malochen aus dem Haus gegangen war,
> hatte sich die Puppe,
> hündisch in einen andern verknallt,
> aus dem Staub gemacht.

Man hört sagen, dass seit damals,
mit vor Hass glühendem Herzen,
der brave Kerl im Himmel und auf der Erde
das Weibsbild suchte, wie ich es tat.
Und wie es gerade das Schicksal wollte,
dass er sie traf wie ich dich jetzt,
schloss er seine Hände um das Genick
der Hündin, wie ich es tu.

Eigentlich müsste man gar nicht auf den Tango zurückgreifen, es gibt auch in Spanien das schwerwiegende Problem der Misshandlung von Frauen. Brutale, verhaltensauffällige Kerle gehen in einigen Fällen so weit, die Frau zu töten, die sie verlassen will. Normalerweise schlagen sie ihre Partnerin, wenn sie betrunken nach Hause kommen. Wenn die Frau, nachdem sie das jahrelang ertragen hat, genug hat und gehen oder die Scheidung einreichen will, glaubt der Ehemann, der sie als sein Eigentum betrachtet, er verhindere, indem er sie tötet, dass ihm etwas genommen wird, das ihm gehört.

Es ist erstaunlich, wie tolerant man in den südlichen Ländern gegenüber den Verbrechen aus Leidenschaft gewesen ist. Sogar der Versuch des Opfers, sich zu wehren, wurde als mildernder Umstand gewertet, denn der Mann ist der Betrogene. Es existiert immer noch die Vorstellung, wenn sie mit einem anderen weggeht, dann sei dieser der Hauptschuldige, weil er sie geraubt habe, und in zweiter Instanz erst die Frau verantwortlich, die dafür bestraft werden müsse, ihren Herrn und Gebieter betrogen zu haben. Obwohl die Gesellschaft sich weiterentwickelt hat, ist diese

Vorstellung weiterhin im Unbewussten des Volkes verankert.

In einer Kultur, die den Mann über die Frau gestellt hat, ist die häusliche Gewalt ein universelles Übel. Ein Beispiel ist das Schicksal der Schauspielerin Marie Trintignant, die an den Schlägen ihres Lebensgefährten Bertrand Cantat in einem Hotelzimmer in Litauen starb. Die Schauspielerin, Mutter von vier Kindern, wollte mit dem Vater ihrer jüngeren Kinder in Urlaub fahren. Aus Eifersucht hat Cantat sie totgeprügelt.

»Sie hat es ja drauf angelegt«, das ist der Satz, der das Besitzdenken und die Leidenschaft vermischt; das hat nichts mit echter Liebe zu tun, denn wenn jemand einen anderen liebt, dann wünscht er und sorgt dafür, dass der andere glücklich ist, und wenn das dadurch geschieht, dass er zu jemand anderem geht, dann sollte man der Situation positiv gegenüberstehen und sagen: »Wie glücklich bin ich, dass sie oder er jetzt mit jemand anderem glücklicher ist.« Wir wissen, das ist gemeinhin nicht der Fall. Bei allen Gefühlen spielt Besitzdenken und Eigenliebe mit. Der französische Moralist François La Rochefoucauld hat treffend gesagt, dass alles Liebesleid Leid aus Eigenliebe ist und dass wir oft, wenn wir um unsere verlorene Liebe klagen, eigentlich wegen unserer gekränkten Eigenliebe protestieren.

> Ein Mann kann mit jeder Frau glücklich sein,
> solange er sie nicht liebt.
> OSCAR WILDE

Für Luis de Sebastián befiehlt im Haus niemand, weder der Mann noch die Frau. Im Paar dürfe es keine Beziehungen nach dem Prinzip Herr-Knecht, Gebieter-Untergebener, Befehl-Gehorsam geben. »Im Beziehungsleben, in der Ehe, gehört niemand dem anderen. Jeder behält seine Individualität, und so muss es bleiben, wenn man eine glückliche und dauerhafte Beziehung führen will. Es muss sich um Verbindungen zwischen zwei freien und verantwortlichen Personen handeln. Die Formel, mit der Ehen geschlossen werden, ist zweideutig. Wenn es heißt »gebe ich dir zur Frau …« scheint man damit die Übergabe von einer Person an eine andere anzeigen zu wollen. Aber die Gefahr für die Stabilität der Paarbeziehung kommt nicht von außen, oder dass einer von beiden sich in jemand anderen verliebt. Das kann vorkommen, aber dann ist zuvor schon der Zauber in der Beziehung abhandengekommen. Die Risiken sind interne, die Loyalität und die Treue der Beziehung im Alltag und in allen Lebenslagen.«

Verführung und Eroberung

Das Thema der Verführung ist sehr komplex. Manchmal begehren wir Menschen etwas, weil wir sehen, dass auch ein anderer es will. Inwieweit motiviert der eigene Wunsch einen anderen, dasselbe zu begehren? Das kommt beim Spiel der Liebe häufig vor. Deshalb sagt man, wenn einem Mann der Ruf vorauseilt, ein großer Eroberer zu sein, ist das so, weil die Vorstellung, die die Leute von ihm haben, ihm beim Erobern hilft.

Kurz: wir Menschen begehren, was wir von anderen begehrt sehen. Wenn jeder diese Frau begehrt, dann muss sie etwas haben, das sie so begehrenswert macht. Wenn jeder hinter diesem Mann herrennt, muss er etwas Besonderes haben. Also gibt es ein Moment der Vermessung des Begehrens.

Aber die Verführung ist ein Ja, und doch ein Nein; ich will, und ich will doch nicht; das Öffnen einer Tür, um sie gleich danach wieder zu schließen. Und wenn die Person, die diese Reize empfängt, nicht sehr feinfühlig ist, kann das zu äußerst unangenehmen Situationen führen. Manche begehen sexuellen Missbrauch und entschuldigen sich dann, indem sie sagen: »Na ja, sie hat mich provoziert, sie sagte mir, oder ich glaubte, sie wolle mir sagen, oder weil sie mir gegenüber andeutete.« Das passiert, wenn jemand eine Situation fehlinterpretiert und für Hingabe hält, was lediglich ein Spiel ist, bei dem die Freiheit erhalten bleiben muss.

Eines der Paradigmen, das lange Zeit ideale Paarbeziehungen charakterisierte, ist das der perfekten Symbiose, bei der jeder Teil komplett seine Autonomie verliert und beide eine einzige Person bilden. Man sagt, es sind zwei in einem Körper. Wir hören Sätze wie: »Wir haben keine Geheimnisse voreinander, wir denken dasselbe, vertreten dieselben Meinungen.« Das ist im Grunde der Traum des perfekten Besitzes. Die stärkste Form, etwas zu besitzen, ist, mit ihm definitiv eins zu werden. Aber anstelle einer Erweiterung der Liebe handelt es sich um eine Verringerung, denn das Schöne und Verdienstvolle soll sein, dass sich zwei unterschiedliche Menschen lieben und nicht, dass sie zu einer Person verschmelzen. Das ist keine Liebe mehr, sondern Egoismus, weil jeder sich selbst liebt. Die Schwierigkeit liegt darin, jemandem Liebe zu schenken und gleichzeitig seine Integrität und seinen Charakter zu akzeptieren. Das erinnert an Mario Benedetti, wenn er sagt, dass du und ich mehr als zwei sind. Es ist schön, mehr zu sein als zwei, aber es sollten auf keinen Fall weniger als zwei sein.

Getrennte Leben von Frauen und Männern in der Antike

In der Antike herrschte der Gedanke vor, dass Männer und Frauen ihr Leben getrennt verbringen sollten, außer wenn sie sich gemeinsam zu Hause befänden. Das diskriminierte die Frauen. Die Ehefrau war dem Mann unterworfen, aber, wie bereits gesagt, der Mann hatte keine Kontrolle über sich, wenn er in der Nähe begehrenswerter Frauen war, und so hielt man es für angeraten, dass die Männer sich bei Männern aufhalten sollten, vor allem wenn sie jung waren, während die Frauen ebenfalls beieinander waren, fern von den Männern, da sie empfängliche Opfer der Versuchungen waren. Heute gibt es Koedukation und Männer und Frauen arbeiten und leben zusammen. Die Frauen müssen in unseren westlichen Gesellschaften auch nicht mehr züchtig und verschleiert herumlaufen, sie können tragen, was sie wollen, auch verführerische oder sogar provokative Kleidung. Das verlangt vom Mann, dass er sich im Griff hat. Die Idee männlicher Selbstkontrolle ist jüngeren

Datums. Sie hat es jahrhundertelang nicht gegeben. Heutzutage muss der Mann lernen, Umgang mit Frauen zu haben und die Verführung und sexuelle Anziehung nicht zu beachten. Ich glaube, diese geistige Umpolung hat mit der Zivilisation zu tun, die das Spiel zwischen Mann und Frau natürlicher, ebenbürtiger und demokratischer macht. Das Problem einiger südlicher Länder wie zum Beispiel Spaniens ist, dass viele Männer noch eine Mentalität haben wie vor zwei Jahrhunderten und wie Neandertaler reagieren.

Was ich nicht verstehen kann ist, was so schlimm daran sein soll, sich an einem schönen Menschen zu erfreuen, ganz gleich welches Geschlecht er hat. Natürlich liegt in dieser Betrachtung eine Verbindung zu unserer eigenen Sexualität. Wir könnten einen Menschen, ob Mann oder Frau, nicht schön finden, wenn wir uns nicht unseres eigenen Körpers und unserer sexuellen Natur bewusst wären. Gegen das Begehren zu kämpfen, das ein anderer in uns weckt, ist, als würde man gegen die Schwerkraft kämpfen. Aber zwischen dem Begehren und dem unschicklichen Verhalten einem anderen gegenüber liegen Welten.

Dieses Gebot hat uns auf einen mehr als anregenden Weg geführt. Die Fragen lauten: Inwieweit kann ein Mensch einem anderen gehören? Wie können zwei Personen ein Paar bilden und dabei ihre Individualität bewahren? Bei diesen Fragen kommt die Treue ins Spiel und die Überlegung, ob es sich um eine Tugend oder eine puritanische Forderung aus der Zeit handelt, in der bezüglich der Frau noch die Vorstellung von Besitz herrschte. Es bringt uns auch dazu, über Verführung und Begehren nachzudenken und darüber, inwieweit sich Mann und Frau in diesen Punkten unterscheiden.

Diese Fragen hängen alle zusammen und kommen uns in den Sinn, wenn wir über das Gebot »Du sollst nicht begehren deines Nächsten Weib« nachdenken.

X

DU SOLLST NICHT BEGEHREN DEINES NÄCHSTEN HAB UND GUT

Der Schriftsteller und Jahwe analysieren die Schwierigkeiten, dieses Gebot zu erfüllen

Wie schwierig muss es sein, dieses Gebot zu erfüllen, wenn die Gier sich überall auf der Welt breitmacht. Wir sehen, dass eine Reihe von Persönlichkeiten, sogar die berühmtesten, gierig sind, manchmal sogar unersättlich. Ganz gleich wie viel sie erreicht, angehäuft oder geraubt haben, es ist nie genug. Den größten Betrug haben nicht die begangen, die reich werden wollten, sondern die, die noch reicher werden wollten. Und das in einer Welt – das weißt du nur zu gut –, in der Abermillionen von Menschen mit weniger als einem Dollar täglich leben. Das Spektakel der entfesselten Gier erschreckt und stößt zugleich ab.

Ich erkenne an, dass Neid – der Motor der Gier – nicht immer negativ ist. Ich meine den Neid als Wunsch zu wetteifern, zu konkurrieren, die Dinge besser zu machen oder sie zu erreichen, ohne jemandem etwas wegzunehmen. Wir reden nicht nur von materiellen Dingen, sondern auch über die Tugenden der Menschen: Tapferkeit, Aufrichtigkeit oder Wissen sind auch beneidenswert, weil sie als positive Anreize gelten.

Aber wir Menschen sind so: Wenn es um greifbare Dinge geht, dann führt der Neid um Geld, Prestige, Status zu Verrohung. Wir sehen, dass viele Menschen in ihrem Bestreben

herauszuragen ein gieriges Gesicht bekommen, das einem Angst macht.

Ich habe die in deine Hölle Verdammten nicht gesehen. Reg dich nicht auf … wenn du erlaubst, habe ich gar kein Interesse, sie aus der Nähe zu sehen, aber ich stelle mir vor, sie haben diese Miene unersättlicher ewiger Gier derjenigen, die besitzen wollen, was sie noch nicht haben. Ganz zu schweigen von denjenigen, die in der Geschichte in deinem Namen und deiner Macht geneidet und begehrt haben, diesen Menschen, die sich für Götter hielten und mit den anderen so launisch und negativ umgesprungen sind wie du. Ich glaube, wir sind uns darin einig, dass du, wenn es darum ging, die Form zu wahren, nie sehr aufmerksam warst.

Neid und Gier

Dieses Gebot, wie wir es kennen, scheint sich aus dem neunten zu entwickeln, was zeigt, wie wichtig Neid und Begehren sind.

Der Neid ist das geselligste Laster. Es kommt daher, dass wir Herdentiere sind. Wir neiden, weil wir einander ähnlich sind und, wie schon gesagt, die meisten Dinge, die mir begehrenswert erscheinen, die sind, die andere auch haben wollen. Wenn man zum Beispiel einer Gruppe kleiner Kinder Geschenke macht, schaut jedes Kind mehr darauf, was die anderen bekommen haben, als auf sein eigenes Geschenk.

Die Ähnlichkeiten können zu Konflikten führen, wenn wir dasselbe wollen wie die anderen, vor allem wenn wir sehen, dass es sich um etwas handelt, das nur einer haben kann. So entstehen Konkurrenz und Neid, die ihren Ursprung in unserer Geselligkeit haben, die aber auch zu einer Bedrohung für selbige werden können.

Für Rabbi Sacca ist dieses Gebot der Auslöser für die anderen. »Wer neidet, stiehlt, wer neidet, redet falsch Zeugnis, wer neidet, tötet, wer neidet, begeht Ehebruch. Gott ruft uns nicht dazu auf, uns von der Welt fernzuhalten, aber er ermahnt uns: Vorsicht mit der unkontrollierten Gier, dem unkontrollierten Neid und dem unkontrollierten Ehrgeiz, denn sie zerstören den Menschen und bringen ihn dazu, zu töten, zu stehlen, Ehebruch zu begehen und zu lügen, und das sind die großen Übel der Gesellschaft.«

Der Neid geht so dürr und gelb um, weil er beißt, aber nicht isst.

FRANCISCO DE QUEVEDO

Zu allen Zeiten hat es diesen dürren gelben Neid gegeben, im Lauf der Jahrhunderte wurde er in unterschiedliche Gruppen, Stände oder Kasten verteilt. In hierarchisch strukturierten Gesellschaften beneiden sich die niederen Schichten untereinander. Sie beneiden nicht die über ihnen Stehenden. So beneidet ein Paria in Indien, der der niedersten Kaste angehört, nicht den Brahmanen, aber womöglich andere Parias. Es handelt sich um Gesellschaften, bei denen man sich horizontal bewegt.

Ein anderes Beispiel ist das klassische Theater, in dem die Probleme nach Menschengruppen eingeteilt sind. Die Adligen und die Aristokraten haben ihr eigenes Bündel an Rivalitäten und Ansprüchen, während die Dienstboten und Angehörigen der Unterschichten ihre eigenen Formen von Neid haben. Es handelt sich um Gefühle, die einander nicht ins Gehege kommen. Das Charakteristische einer Gesellschaft aus Gleichgestellten, wie sie sich seit Ende des 13. Jahrhunderts abzuzeichnen beginnt, ist die Demokratisierung des Neids.

Alle beneiden sich

Da wir alle gleich sind, kann jeder jeden beneiden. Ein Mensch aus unterster Schicht wäre gern der große Financier oder die berühmte Schauspielerin oder der Gewinner einer Fernsehshow. Keiner von uns fühlt sich von irgendetwas ausgeschlossen. Wir glauben nicht, dass es festgelegte Klassen gibt, sondern alles, was der andere haben kann, kann ich auch haben. Und so schafft die kapitalistische Gesellschaft mit dem demokratisierten Neid den Wunsch, aufzusteigen und immer mehr anzuhäufen, da wir alle nach ganz oben kommen können. In der modernen Welt haben wir das Gefühl, der Neid ist nicht mehr länger in Gruppen unterteilt, sondern offener und allgemeiner verbreitet.

Heutzutage ist es ein Wert, eine Art Prestige, beneidet zu werden, denn wer uns beneidet, erweist uns eine Hommage. Man fühlt sich geschmeichelt, weil man sich in eine höhere Position erhoben fühlt als derjenige, der uns beneidet. Es mag wie ein Wortspiel klingen, aber wir beneiden andere nicht nur wegen einer Reihe von Dingen, sondern auch darum, beneidet zu werden.

Ein anderer Aspekt des Themas ist die Zurschaustellung. In puritanischeren Zeiten gefiel es den Reichen nicht, ihren Reichtum zur Schau zu stellen. Die Mächtigen Ende des 19. und Anfang des 20. Jahrhunderts lebten und kleideten sich sehr nüchtern. Aber alles hat sich grundlegend geändert, und heute hat es den Anschein, dass man, um genießen zu können, was man hat, dies auch zeigen muss, damit man von den anderen beneidet wird. Niemand weigert sich, in diesen Zeitschriften zu erscheinen, die die Häuser der Berühmtheiten mit ihren Bildern, Schätzen und Möbeln zeigen. Die Feste sind öffentliche Vorführungen, zu denen man geht, um gesehen zu werden, um Luxusautos, schöne Frauen und attraktive Männer zu zeigen. Die Mehrzahl der Dinge, die dem Genuss dienen, erfordern, dass andere da sind, die sie nicht haben, und dass nur der in den Genuss kommt, dem sie gehören.

Aber das ist nicht nur in den Gruppen so, die die Macht haben. Es gibt auch Neid im Elend, unter denen, die sehr wenig haben. Es gibt ihn in den Konzentrationslagern, wo er von Schuhen oder einer Schale Wasser hervorgerufen werden kann, die ein anderer besitzt. Der Neid entsteht nicht nur im Überfluss, sondern auch in den Momenten größter Beklemmung angesichts drängender Not. Es handelt sich in solchen Momenten um ein sehr pathetisches und angstbesetztes Gefühl, das mit dem Überlebensinstinkt zu tun hat.

Demokratie und Neid

Die Demokratie fördert den Neid und sorgt für seine Verbreitung. Der Neid giert auch nach diesem Gut, das die Macht, die Herrschaft über eine Gemeinschaft darstellt. In diesem Fall wird er zu einem positiven Wert. In einem demokratischen Regime zum Beispiel ist die Überwachung positiv, die wir über unsere Regierung ausüben, weil wir neidisch sind. Wir sind nicht bereit einzuwilligen, dass die, die uns in der Gesellschaft repräsentieren, unrechtmäßige Privilegien besitzen. Obwohl wir ihnen eine Reihe an Vorteilen zugestehen, wollen wir nicht, dass sie den Spielraum missbrauchen, den wir ihnen durch unsere Wahl eröffnen. Der demokratische Neid weist uns darauf hin, wann sie sich unkorrekt verhalten, und er sagt uns: »Das darf nicht sein.« Einem absolutistischen Herrscher, irgendeinem der großen Monarchen früherer Zeit, hat niemand seine Plünderungen, seine Zügellosigkeit oder irgendeine andere Art von Missbrauch vorgeworfen, aber unseren Regierenden schon, denn wir meinen, sie sind wie wir, und weil wir auch diese Privilegien wollen, sind wir nicht bereit, sie ihnen zu schenken, wenn sie nicht legitim sind. So funktioniert Neid in der Demokratie als politischer Überwachungsmechanismus, der die Staatsbeamten, die großen Unternehmer und die Machtgruppen ins Visier nimmt. In diesem Sinn hat der Neid eine reinigende Funktion, denn dank des Neides entgeht uns eine bestimmte Form von Korruption nicht.

Ich weiß drei böse Hunde:
Undankbarkeit, Stolz, Neid.
Wen die drei Hunde beißen, der ist sehr übel gebissen.
MARTIN LUTHER

Laut Martín Caparrós ist der Glaube weit verbreitet, man müsse die Güter des anderen begehren, um voranzukommen. Wir meinten, die einzige Art, etwas zu werden, bestehe darin, eine Reihe von Gütern zu erlangen, die uns nicht gehören. Nähme man das Gebot wörtlich, müssten wir zu einer Art primitiven Gemeinschaft zurückkehren, bei der keinem etwas gehört und die Güter für alle da sind.

Die strikte Anwendung des Gebotes würde in drei Komma vier Sekunden dem Kapitalismus und all seinen Produkten ein Ende bereiten. Es wäre keine schlechte Idee, ein paar E-Mails an den Papst zu schicken, um nachzuhören, ob er sich nicht dafür einsetzen kann, dass dieses seltsame Gebot erfüllt wird.

Schmeichelnder Neid

Das Spiel mit dem Neid in der Werbung ist eigenartig. Einerseits geht es darum, Produkte an möglichst viele Leute zu verkaufen. Andererseits soll der Werbefachmann erreichen, dass derjenige, der das Produkt, ein Kleidungsstück, ein Nahrungsmittel oder eine Reise kauft, sich einzigartig fühlt. Wie schafft man es, jemanden zu überzeugen, dass er ein Produkt kaufen soll, um sich von den anderen zu unterscheiden, und dass zugleich jeder anbeißt und versucht, sich auf dieselbe Art zu unterscheiden? Wenn die Werbung effektiv ist, wird es sich nicht um eine Unterscheidung, sondern um ein Wiedererkennen unter vielen handeln. Es entsteht eine Vermassung des Produktes und der Person.

Wo eine Gütergemeinschaft existiert, kann es keine Gier geben, da kein Gut jemand anderem gehört. Des anderen Hab und Gut zu begehren ist ein Merkmal der Gesellschaften, in denen es Privateigentum gibt. In diesen Gesellschaften neiden die Besitzlosen und begehren, was der andere hat. Aber natürlich ist das Eigentum nie vollkommen privat. Aller Reichtum ist sozial. Niemand wird in Einsamkeit oder nur aufgrund seiner Genialität reich, denn sein Talent wird innerhalb der Gemeinschaft ausgeübt, und das ist der Schlüssel seines Erfolges. Aber genauso wie aller Reichtum sozial ist, so ist dieselbe Gesellschaft auch seine Grenze, weshalb es möglich ist, die Mitglieder der Gemeinschaften gleichzustellen.

Entsteht eine Hypertrophie zu einem Extrem und geht das Gleichgewicht innerhalb eines sozialen Gefüges verloren, kann man das Problem durch Enteignung lösen, um den einigen wenigen vorbehaltenen Nutzen auf andere auszudehnen. Große Revolutionen im Verlauf der Jahrhunderte waren das Ergebnis einer übermäßigen Anhäufung von Eigentum durch die Mächtigen zu Lasten der Bevölkerung. Die Lösung der Revolutionen war, diese Güter zu nehmen und sie zu verteilen. Diese Themen sind hochkomplex, denn politische und moralische Aspekte fallen hier zusammen.

Pater Busso sagt, das Privateigentum sei für das Christentum ein grundlegender, aber untergeordneter, nicht absoluter Begriff. Die Güter der Schöpfung seien allen übergeben worden. Die Enteignung zum Zwecke des Gemeinwohls sei im christlichen Leben und in der christlichen Moral erlaubt. Wenn das Privateigentum den anderen verletze oder andere benachteilige, dann gehe eindeutig das Gemeinwohl vor. Das Problem der Armut sei nicht die Menge an Tischgenossen auf der Welt, sondern die Verteilung des Essens auf dem Tisch.

Der Ehrgeiz nach Macht und Geld dient oft dazu, Defizite zuzudecken, die man nicht mit materiellen Gütern ausgleichen kann. Ein überzeugendes Beispiel ist in dieser Hinsicht vielleicht, was uns Orson Welles in seinem Meisterwerk *Citizen Kane* gezeigt hat. Der Protagonist häuft alle möglichen Gegenstände an, er kauft mit seinem Vermögen sogar Körper und das Bewusstsein anderer Menschen. Kane hat alles erreicht, von dem andere sagen würden, dass es den Menschen glücklich macht. Aber am Ende seines Lebens stellt er fest, dass ihm, ganz egal was die anderen sagen, das Nötigste fehlte: echte, und nicht nur gekaufte, Zuneigung und Anerkennung.

Niemand ist wirklich des Neides würdig.
ARTHUR SCHOPENHAUER

Ich habe nichts gegen die, die schöne und nützliche Dinge begehren. Ich mag Leute nicht, die versichern, sie hätten kein Interesse am Geld und würden nichts benötigen. Es würde mir nicht gefallen, wenn man mein Haus ausraubte. Aber es erscheint mir auch nicht sehr gesund, danach zu streben, jeden Tag ein dickeres Bankkonto und immer mehr Gegenstände zu haben. Man darf nicht vergessen: was wir besitzen, ergreift auch von uns Besitz.

Marcos Aguinis definiert die Gier genau. Er sagt, sie sei eine Strafe für den, der an ihr leide, denn sie verwandele ihn in ein mythologisches Wesen, das am Ende an Hunger sterbe, denn alles, was es anfasse, werde zu Gold. Das heißt, dieser Mensch werde nie zufrieden, nie glücklich sein, denn alles, was er erreicht, bringe ihn dazu, noch mehr zu wollen. Es sei eine irre Hetze von Einem zum Nächsten, ein Rad, das sich im Raum immer weiterdreht und nirgendwo ankommt.

Rabbi Sacca sagt, der Talmud erkläre, der, der mehr hat, will mehr, dem, der mehr hat, fehlt mehr. »Hat jemand einhundert, will er zweihundert, wenn er zweihundert hat, will er vierhundert. Die Gier ist kein Verbot, das sich nur an die richtet, die keine Güter haben, sondern an alle Menschen. Es ist das letzte von Gottes Geboten; wenn das Gefühl von Gier aufkommt und nicht kontrolliert wird, wird es dazu führen, die neun anderen zu übertreten. Es entsteht ein Kreis ständiger Übertretung«, so Sacca.

Das Gebot »Du sollst nicht begehren deines Nächsten Hab und Gut« deckt eine große Bandbreite an Themen ab. Der Neid ist fundamental in unserer Natur, vor allem in den demokratischen Gesellschaften, in denen wir leben. Er ist nicht immer negativ, er kann der demokratischen Kontrolle dienen und sogar zur Bewunderung herausragender Persönlichkeiten führen.

Bei diesem Gebot ist es von elementarer Bedeutung, das Eigentum zu analysieren: Was ist Privateigentum? Was ist öffentliches Eigentum? Inwieweit kann jemand etwas privat besitzen? Inwieweit haben alle menschlichen Güter eine soziale und kollektive Dimension?

Und wie wir schon bei dem neunten Gebot gesehen haben, wird unser Begehren immer dann geweckt, wenn wir sehen, dass ein anderer etwas begehrt. Ein Problem, das immer wieder auftaucht und durch neue Aspekte bereichert wird, da verbietet sich jede eindimensionale Lesart. Kurz: die Analyse der Gier führt uns zu einer profunden Reflexion über unsere Gesellschaft, unsere Güter, darüber, wie wir sie verteilen und teilen und wie wir zusammenleben.

DIE MENSCHEN BRAUCHEN EINEN SCHRECKLICHEN GOTT

Für uns repräsentieren die Gebote heute etwas, das es einmal gab und in allen Kulturen geben sollte: eine Liste notwendiger Versagungen der Wünsche der Bürger. Das ist unverzichtbar, weil das Begehren unendlich und polyvalent ist und keine Grenzen kennt. So erlauben uns die Gebote in gewisser Weise, dieses Begehren teilweise einzudämmen und zu kanalisieren, so dass es für die Gesellschaft erträglich ist und nicht zu Disharmonie führt. In allen Kulturen leisten die Tabus, die Verbote und auch die Vorschriften – also die Gesetze – nichts anderes, als sozial akzeptable Versagungen einzuführen.

Die zehn Gebote waren zu ihrer Zeit aus kultureller Perspektive eine Liste persönlicher Versagungen. In der Gegenwart haben einige von ihnen noch Gültigkeit. »Du sollst nicht töten« oder »Du sollst nicht lügen« sind Vorschriften, mit denen jeder einverstanden sein kann. Andere Gebote hingegen haben an Gültigkeit eingebüßt, sie werden nicht mehr als Instrumente gesehen, das Begehren zu bremsen. Was wir weiterverfolgen sollten, ist nicht so sehr, ob das eine oder andere Gebot noch Gültigkeit hat, sondern vielmehr die Frage, inwieweit wir in unserer Zivilisation ein bestimmtes Korpus an Geboten akzeptieren, die das Zusammenleben in der Gesellschaft regulieren.

Moses' Gesetze sind die Antwort auf ein mögliches Handeln der Menschen. Aus diesem Grund können wir heute vor neuen Regeln stehen, mit denen wir auf zuvor unbekannte Situationen reagieren. Zum Beispiel eröffnen die Genetik und Experimente künstlicher Befruchtung ein weites Feld an Perspektiven, aus denen sich Möglichkeiten ergeben, die es nie zuvor gab. Aristoteles hatte sich mit diesen Themen nicht beschäftigt, weil er nicht wusste, dass es sie geben könnte. Heute müssen wir uns sehr wohl damit auseinandersetzen, dass ein Kind ohne Vater, ohne Mutter, ohne Stammbaum auf die Welt kommt. Das muss man akzeptieren, aber jenseits dessen, was wissenschaftlich machbar ist, ist die Tatsache, dass diese Person ohne eine klar definierte Abstammung auf die Welt kommt – wie schon gesagt – aus moralischem Blickwinkel betrachtet eine Ungerechtigkeit. Diese Entwicklungen zwingen uns, über Situationen nachzudenken, die wir uns vor kurzem noch gar nicht vorstellen konnten. Wir stehen nicht vor einer neuen Moral, sondern vor neuen Feldern, auf denen wir die über die Jahrhunderte erhalten gebliebenen Prinzipien anwenden.

Die Gebote sind um die ganze Welt gegangen, aber es hat in allen Kulturen ähnliche Tabus in verschiedener Ausprägung gegeben. Keines von Gottes Gesetzen ist willkürlich, denn dahinter stehen universelle moralische Konzepte. Es gibt keine Kultur, die die Lüge der Wahrheit oder die Feigheit der Tapferkeit vorzieht. Die Parameter sind ziemlich homogen, auch wenn sie in verschiedenen Kontexten, je nach Volk und Zeit, unterschiedlich formuliert werden.

Über alle Kritik hinaus ist auch für die Nichtgläubigen die Vorstellung eines schrecklichen, grausamen, rachsüchtigen Gottes kein schlechter Gedanke, denn im Grunde basieren alle Tabus auf etwas Schrecklichem. Was würde geschehen, wenn wir uns nicht daran hielten? Was würde geschehen, wenn wir Menschen beschlössen, uns gegenseitig zu töten? Wenn wir beschlössen, der Wahrheit zu entsagen, das Eigentum der anderen zu stehlen und alle Frauen zu vergewaltigen, die uns über den Weg laufen? Eine solche Welt wäre furchtbar. Dieser schreckliche Gott würde das Gesicht der Welt ohne Gott repräsentieren. Der strafende Gott ist im Grunde, was die Menschen ohne die von ihm auferlegten Grenzen wären. Dieser Jahwe mag grauenvoll wirken, aber die Menschen ohne Tabus könnten noch schlimmer sein. Dieses furchtbare Gesicht Gottes erinnert uns daran, wie unheilvoll es wäre, keine Autorität zu haben, die Launen und Gewalt einen Riegel vorschiebt.

Wir alle setzen auf das Bild, das Christus in die Welt gebracht hat, das Bild des zu Tode gemarterten, menschlichen, nahen Gottes. Es besteht kein Zweifel, dass dies das poetische Bild eines unendlich höheren Wesens ist. Aber vom Standpunkt der Gesetze aus ist der rachsüchtige, grausame Gott weit wirkungsvoller, denn der liebenswerte sagt: »Liebet einander und ihr werdet keine Gesetze brauchen« ... und das stimmt, aber unglücklicherweise lieben wir einander nicht. Und so kommen wir zu einem überzeugenderen Gebot: »Fürchtet einander und akzeptiert die Gesetze.«

Anmerkungen

1 Marcos Aguinis wurde 1935 in Córdoba, Argentinien, geboren. Schriftsteller mit breiter internationaler Ausbildung in den Bereichen Medizin, Psychoanalyse, Kunst, Literatur und Geschichte. 1963 veröffentlichte er sein erstes Buch. Sieben Romane, acht Essaybände, vier Bände mit Erzählungen und zwei Biografien folgten. Er gründete das PRONDEC (Nationales Programm zur Demokratisierung der Kultur), das von der UNESCO und den Vereinten Nationen unterstützt wurde.

2 Ariel Álvarez Valdez ist ein in Buenos Aires geborener katholischer Priester und Theologe. Er hat verschiedene Bücher publiziert, unter anderem: *Die Geschichte Israels: von den Ursprüngen bis zum Aufstand von Simon Bar Kosilbah; Die Eroberung des Gelobten Landes als Projekt politischer Einheit; Das Armageddon der Apokalypse* und *Rätsel der Bibel.*

3 Luis de Sebastián Carazo ist ein spanischer Wirtschaftsfachmann, Professor für Wirtschaft in Barcelona und Mitglied des Área Social de Cristianismo y Justicia. Er schreibt Artikel für die Zeitung *El País.* Berater bei der Interamerikanischen Entwicklungsbank. Er hat verschiedene Bücher publiziert, unter anderem: *Von der Sklaverei zu den Menschenrechten; Der demokratische Samen: Erfahrungen partizipativer Demokratie in Lateinamerika; Jubiläum 2000: Schuldenerlass, Gründe für die Hoffnung* und *Die Armut in den Vereinigten Staaten.*

4 Isaac Sacca ist ein großer argentinischer Rabbiner. Er gehört der Asociación Israelita Serfardí von Buenos Aires an. Zur Zeit leitet er Shavva Tov (Bewegung für das Fortbestehen des Judentums).

5 Der Argentinier Emilio J. Corbière ist Schriftsteller, Journalist und Universitätsprofessor. Er war Redakteur verschiedener Zeitungen und Zeitschriften wie *La Vanguardia, La Opinión, La Nación, Tiempo Argentino* und *Sur.* Zur Zeit schreibt er Beiträge für *Le Monde Diplomatique* und Kolumnen für die Zeitschrift *Noticias.* Neuere Publikationen: *Ursprünge des argentinischen Kommunismus* und *Opus Dei: Der katholische Totalitarismus.*

6 Ariel D. Busso ist argentinischer Priester, Dekan und Professor für Kirchenrecht an der Universidad Católica Argentina. Er gilt als einer der herausragenden Kirchenrechtler des Landes. Er hat Artikel in diversen Zeitschriften zum Thema Kirchenrecht und Kirche veröffentlicht und ist Autor des Buchs: *Pastoren und Gläubige: Erbauer der Gemeinde.*

7 Marcelo Capurro war Chefredakteur der Tageszeitung *La Prensa.* Derzeit ist er Chefredakteur der argentinischen Zeitschrift *Debate.*

8 José María Blázquez, spanischer Autor und Historiker, hat zahlreiche Bücher über Wirtschaft im Altertum, über die Gesellschaft, über christliche, römische und zeitgenössische Kunst geschrieben. Er ist emeritierter Professor der Universidad Complutense de Madrid. Zu seinen Veröffentlichungen gehören *Geschichte der Religionen im frühen Europa; Phönizier und Karthager im Mittelmeerraum* und *Geschichte des alten Orients.*

9 Martín Caparrós wurde 1957 in Buenos Aires geboren. Er hat journalistische Beiträge über Sport, Stierkampf, Kultur, Gastronomie, Politik für Presse, Radio und Fernsehen verfasst. Er war Chefredakteur der Zeitschriften *El Porteño* und *Babel.* Autor diverser Romane und Essays.